12 semillas

para tener

Relaciones Exitosas

PRINCIPIOS BIBLICOS PARA LA VIDA

Por: Norm Andersen

12 Semillas para tener relaciones exitosas.
Edición traducida
©2024 Prison Mission Association.

Primera edición en inglés: Junio 2002
Primera impresión en inglés de este libro: Marzo 2004
Segunda impresión de este libro en inglés: Junio 2007
Traducción e impresion al español: Julio 2014
Revisión: Agosto 2023

Todas las citas bíblicas fueron tomadas de la Nueva Versión Internacional (NVI). Copyright © 1973, 1978, 1984 por la Sociedad Bíblica Internacional. Usados con permiso de Zondervan. Todos los Derechos Reservados. Los logotipos "12 Seeds" y "12 Semillas" son marcas registradas por Prison Mission Assiociation.
Diseño de portada: Christian Galaviz
Traducción al español: Alfonso Hernández
Edición: Moisés Gómez.
Un agradecimiento al equipo de 12 semillas en español por la aplicación de estos principios en la traducción, edición e impresión de este libro.
ISBN: 0-978-09753844-1-1

Publicado por
Prison Mission Association
PO BOX 2300
Port Orchard, WA 98366
www.prisonmission.org
www.12semillas.org

TESTIMONIOS

Las 12 semillas, son un compendio de principios que te lleva a descubrir de una manera más clara y significativa de lo que Dios puede cambiar en tu vida diaria y espiritual. Tanto para aquellos que empiezan a aceptar el amor de Dios y para fortalecer a los que ya le han conocido .

Elda H. Carmona

El tener este maravilloso libro como herramienta para sanar las relaciones laborales dentro de la empresa ha contribuido al crecimiento de la misma y aún mejor que los empleados lleven esta misma enseñanza a sus familias, de tal manera que la enseñanza se extiende más allá del entorno laboral .

Leticia Hernández
Coordinador de Controls and logististica "Bordados Digitales"

Al leer el libro de las 12 semillas era como recordar cada etapa de mi vida, cosas del pasado, presente y futuro. Hablemos del pasado: si hubiera leído este libro, mi vida tendría un mejor camino .
Presente : ahora estoy luchando día a día cómo aplicar cada semilla. Para que nuestro mundo sea mejor y estemos más cerca del camino de nuestro Dios . Algunas semillas son un compromiso muy difícil pero hay que seguir preparándose. El futuro: quiero alcanzar la felicidad celestial, quiero esa riqueza espiritual para evangelizar a mis semejantes y enseñarles todo lo que es Dios nuestro Señor.

Thomas H. Peralta
Ingeniero en Progracion y Robotica

Las 12 semillas, es un cúmulo de enseñanzas para crecimiento personal y espiritual, por qué sin este binomio el beneficio no es completo. Existen malas semillas como la cizaña que afectan nuestra vida, pero este libro me reveló cómo contrarrestar este mal que crece oculto y como con una buena semilla es posible expulsarla para poder vivir una vida de plenitud.

Silvia Martinez Enriquez
Licenciada en Administracion de Empresas

«No fuimos creados para estar solos»
Génesis 2:18

«Dios nos creó para tener relaciones»
Mateo 22:37

Prólogo

Nuestro mundo y todos los seres humanos de este planeta necesitan el mensaje contenido en este libro. Nunca había visto tal división y desunión en tantos niveles.

Si entendiéramos el poder del amor y la bondad para cambiar corazones y vidas, ¡Esto transformaría las relaciones y traería una calidad de vida mucho mejor para todos! Nuestro querido amigo, Norm, ha hecho un excelente trabajo brindándonos las herramientas para comprender las 12 Semillas, que son valores fundamentales que transformarán vidas, familias, escuelas, empresas, ciudades, prisiones, estados y países si se aplican en la vida diaria. Necesitamos comprender cuánto nos ama Dios a cada uno de nosotros y debemos mostrar ese mismo amor incondicional a otros.

Hemos utilizado este libro de 12 Semillas en cárceles de los Estados Unidos y en otros países con resultados tremendos. También se ha utilizado con familias, jóvenes, grupos pequeños y en las iglesias.

Comuníquese conmigo si necesita ayuda para obtener más libros para su ministerio. Teléfono 612-423-3457 o dwight@prisonmission.org

Pastor Dwight Anderson,
Director de Prison Mission Association, Editor de 12 Semillas

Los 12 principios presentados aquí, si se revisan periódicamente y se practican a diario, le ayudarán a disfrutar de mejores relaciones en todos los ámbitos de su vida.

12 Semillas

Contenido

Introducción

La calidad en las relaciones de una persona, refleja su calidad de vida. Una persona puede tener un buen estado físico de salud y una riqueza enorme; pero si sus relaciones son pobres, su vida no es realmente sana, y ni suficientemente rica. ¿Qué es una familia sin una buena relación? ¿o un equipo? ¿o una iglesia? ¿o un negocio? ¿o una comunidad? ¿Se ha preguntado qué es una amistad sin una buena relación?

A Jesucristo siempre le han interesado las relaciones. Hablaba a menudo de ellas. Cuando a Él se le pidió que identificara el mandamiento más importante, su respuesta tenía mucho que ver con las relaciones. Él dijo: «Ama al Señor tu Dios con todo tu corazón, con todo tu ser y con toda tu mente" —le respondió Jesús—. Éste es el primero y el más importante de los mandamientos. El segundo se parece a éste: "Ama a tu prójimo como a ti mismo». ^{Mateo 22:37-39}

12 PRINCIPIOS PARA LAS RELACIONES BASADAS EN LA BIBLIA

Las 12 semillas son principios basados en la Biblia para construir y mantener relaciones cimentadas en el amor.

Algunos, o todos estos principios, pueden ser familiares para usted. Sin embargo, la familiaridad con los principios no es el resultado principal que buscamos. De hecho, el estar familiarizado con estos 12 principios puede mantener a una persona alejada del estudio, práctica y el dominio de los mismos.

Hay personas que suponen que entienden y saben cómo poner en práctica todos estos principios. Sin embargo, la realidad es que mucha gente está confundida acerca de lo que realmente significan, y la forma de aplicarlos en la vida diaria.

Es común encontrar personas que pueden pensar que saben acerca de estos principios, como el respeto, la integridad y la sinergia, pero su comportamiento sugiere lo contrario.

Las 12 semillas no son una fórmula mágica para la vida. Empero, se presentan como algunos de los valores que conducen a que, cuando se aplican en nuestra vida, con la ayuda del Señor, produzcan la cosecha completa que buscamos:

«el comportamiento amoroso que glorifica a Dios, bendice a los demás, y enriquece la vida entera»

ACERCA DE ESTE LIBRO

El propósito de este libro es ayudarle a conocer, entender y practicar los doce principios de construcción de relaciones. Creemos que muchos beneficios llegarán a todos los lectores, si los aprenden, los revisan periódicamente y los practican todos los días.

Originalmente, el libro de las 12 semillas surgió como un libro de bolsillo titulado «Las 12 semillas para una relación de primera calidad», publicado en inglés en el año 2000. En el año 2001 se revisó y reeditó, añadiéndole más versículos de la Biblia para cada semilla. En 2002 publicamos un libro de mayor tamaño —de 56 páginas de estudio—, con el título: «12 Semillas de relaciones en crecimiento». Ese libro fue bien recibido, y ha servido como debate en clases y grupos. Para esta nueva edición revisada, se tomó el núcleo de ese libro y se expandió con materiales de debates y talleres que se han tomado de otras investigaciones.

Esperamos que este libro sea una guía práctica a lo largo de su vida.

En la PARTE I de los capítulos, o semillas, le ayudará a entender mejor cada principio, y cómo aplicarlo en su diario vivir. Además, cada capítulo incluye una serie de aplicaciones prácticas —oraciones, pensamientos, palabras, acciones y preguntas de discusión— que le ayudarán a desarrollar cada semilla. En la PARTE II, le capacita a plantar y cultivar la semilla. Además, ofrece ayuda práctica para hacer crecer realmente las semillas en la vida diaria. En la PARTE III, le ofrece ayuda adicional en el uso de las doce semillas —Para transformar su relación con el Señor y con otras personas—

Nuestra oración es que, a lo largo de su vida, usted recolecte cosechas abundantes en todas sus relaciones.

«Un sembrador salió a sembrar...»

De la parábola del sembrador, Mateo 13:3

RESPETO
ANIMAR
ESCUCHAR
APRECIAR
CONFIAR
INTEGRIDAD
ORDEN
CUIDADO
SINERGIA
ESPERANZA
IDEALES
PERDÓN

PARTE I

LAS 12 SEMILLAS

Principios para tener relaciones exitosas

Relación:

Una relación es una correspondencia o conexión entre algo o alguien, con otra cosa u otra persona.
Una conexión dinámica entre individuos, o entre un individuo y un grupo.

Respeto

CONSIDERACIÓN, ATENCIÓN, HONRA,

respetándose y honrándose mutuamente.
– Romanos 12:10

Respeto es tener en cuenta la existencia, las ideas y opiniones de otras personas. Respetar a los demás, es tratarlos con dignidad y honor. La palabra «respeto» proviene del latín «Respectus», que significa atención, consideración. Dentro del respeto, la estima se encuentra en un nivel elevado, mientras que el honor está en la categoría de respeto más alta.

El respeto implica pensar en los demás, teniendo consideración por ellos. Es estar bien con los demás, tratándolos con cortesía.

OTRAS PALABRAS PARA RESPETO

- Consideración
- Cortesía
- Tolerancia
- Atención
- Miramiento
- Admiración

RESPETO: EN NUESTRA RELACIÓN CON DIOS

Por supuesto, la relación con Dios, es la relación más importante que debemos tener. Es el nivel de respeto más alto que se tiene, más allá de la estima, más allá del honor. La palabra que describe este alto nivel de respeto es: adoración. El diccionario de la Real Academia de la Lengua define la palabra Adoración como: «reverenciar y honrar a Dios con el culto religioso que le es debido». Así es, este alto nivel de respeto debe ser reservado sólo para el Señor.

> « . . . El mas alto nivel de respeto se llama: Adoración."

El «temor de Dios» en la Biblia, implica el más alto nivel de respeto. Alguien ha llamado «el temor del Señor» como «respeto supremo». El libro de los Proverbios declara que «El comienzo de la sabiduría es el temor del Señor» Proverbios 9:10

Este «temor del Señor» ese «respeto supremo», no es sólo una puerta de entrada a la sabiduría, sino también, a una creciente relación con Dios.

A medida que conoces al Señor, el respeto por Él y la relación con Él, crece gradualmente, convirtiéndose en adoración. Somos afortunados de que el Señor tenga consideración por nosotros, que es una forma de respeto para la gente.

En el Antiguo Testamento, Dios estaba constantemente pensando en las personas e interactuando con ellas; en el Nuevo Testamento, Él incluso se hizo hombre y vivió entre nosotros. Cuando nos fijamos en la vida de Jesús, le vemos mostrando consideración hacia todos. Incluso, mientras sufría en la cruz por nosotros, le dijo a uno de sus seguidores que cuidara a su madre.

Adicionalmente, el Señor también ofrece los niveles más altos de respeto a su pueblo. Él declara: «Yo estimo a los pobres y contritos de espíritu a los que tiemblan ante mi palabra.». Isaías 66:2; y también, «Yo honro a los que me honran». 1 Samuel 2:30

RESPETO: EN NUESTRA RELACIÓN CON LOS DEMÁS

El respeto es uno de los principios positivos más poderosos en la vida. Además de ser una puerta de entrada a nuestra relación con el Señor, el respeto es también una puerta de entrada a las relaciones civiles con los demás. De hecho, el respeto es la base de vivir con civilidad en un grupo y/o sociedad.

El respeto ayuda a satisfacer la necesidad humana de «importancia». Es decir, el ser humano desea sentirse importante; que su vida tenga un significado de ser incluido. Cuando usted respeta a los demás, les está recordando estas cosas.

El respeto no es sólo el inicio de las relaciones, sino también la puerta de entrada a la práctica de los otros principios de las 12 Semillas. Es un ingrediente importante en el crecimiento de las relaciones exitosas en cualquier ámbito: familiar, amistad, grupo, equipo, iglesia, empresa o comunidad.

Los síntomas y consecuencias ....

CÓMO SABER CUANDO EL RESPETO ES DÉBIL O AUSENTE

En un mundo centrado en sí mismo, el mostrar respeto hacia los demás es a menudo descuidado, rechazado, e incluso inexistente. Algunas personas piensan que el respeto es una opción; otros, que es una tradición obsoleta obligada a llevarse a cabo por sus ancestros. Otros consideran al respeto como una táctica social que se utilizará solo para avanzar en una agenda personal.

El ignorar la importancia del respeto, y su práctica diaria, trae como consecuencia que las personas no tengan relaciones exitosas dentro de la sociedad.

La falta de respeto se caracteriza por el desprecio, el deshonor, la falta de atención y falta de estima. Las personas tienden a ignorar a otros, actuando a veces como si los demás no existieran. La insolencia es común, la cortesía se descuida, la caballerosidad es ignorada. En pocas palabras, la persona se vuelve irrespetuosa.

Siempre trata de hacer sentir a otros importantes.
– Dale Carnegie

Desafortunadamente, la falta de respeto se ha vuelto una forma de vida para algunas personas. Desconocen el significado de la palabra. Rara vez lo muestran. Lo que es peor, ni siquiera se dan cuenta cuando están siendo irrespetuosos hacia los demás —los comentarios humorísticos, o pequeñas bromas, pueden ser considerados una falta de respeto.

La falta de respeto ocasiona conflictos individuales o de grupo —como es el caso de las pandillas—, en donde la «venganza» es el factor común. La violencia vial, violencia vehicular o conducción agresiva («road rage» en inglés), son una serie de acciones cometidas por automovilistas hacia otros conductores o peatones, donde el respeto es ausente. La falta de respeto ha causado el rompimiento de matrimonios, perdida de amistades, clientelas que no regresan, congregaciones lastimadas dentro de las iglesias, disminución de grupos sociales y frialdad en las comunidades.

Las posibles razones...
EL PORQUE LAS PERSONAS NO RESPETAN

Si el respeto es muy importante, y la falta de respeto es algo trágico, ¿por qué no ser más respetuosos? He aquí algunas razones.

Por tener una naturaleza egoísta. Existe la tendencia a pensar en muchas ocasiones, solo en si mismo. Además, no se es capaz de seguir el ejemplo del Señor Jesús. Hay tantos ejemplos de irrespetuosidad en el mundo, que ocasionan que la mirada se desvíe de Aquel (Cristo) que siempre estuvo preocupado por la gente; que siempre pensando en los demás.

En un mundo con tendencia a degradar a la gente, las personas son fácilmente rebajadas a la categoría de «insignificantes». Incluso se piensa de ellos como «molestias» que se interponen en nuestro camino, o como herramientas que son utilizadas para el logro de intereses personales.

Algunas personas se excusan de ser irrespetuosos porque piensan que otros aún no han cumplido con sus criterios de merecer o ganarse el respeto. Ellos pueden sentir que la forma de tratar a los demás debe ser dictada por el comportamiento de las personas. Sin embargo, esto puede llevar hacia una espiral descendente de falta de respeto en curso.

Hay personas que por desgracia, conocen más formas de ser irrespetuosos hacia los demás que la manera de cómo respetarlos. Estas personas nunca se les ha enseñado sobre el respeto, o la forma de ponerlo en práctica. O bien, pueden haber sido formados en —o ahora viven y trabajan en— ambientes donde no hay ejemplos de respeto que se expresen o se demuestren constantemente.

La buena cosecha que produce..

CUANDO EL RESPETO CRECE

El respetar a los demás les ayuda a sentirse apreciados. Aún más importante, se les recuerda que ellos son significativos. Si Jesús trataba a la gente como importante y valiosa, entonces debemos hacerlo nosotros también. Respetar a los demás puede tener un efecto conmovedor y positivo en ellos, incluso en su comportamiento.

Cuando el respeto crece, la gente tiene más estima por los demás y preocupan más por ellas . Las personas se sienten atendidas y queridas. Se dice de William Booth, fundador del Ejército de Salvación, que la última palabra que pronunció en su lecho de muerte fue «otros».

La calidad de vida aumenta cuando el respeto crece. Hay una «cortesía» entre las personas. La gente es bendecida, ya que el respeto es una cosa agradable para dar y recibir.

> **Tener respeto por nosotros mismos guía nuestra moral, y de tener respeto para los demás rige nuestros hábitos.**
> **– Laurence Sterne**

He aquí un resumen de algunas de las bendiciones cuando el respeto crece.

- La persona recuerda que es significativa
- Una adecuada imagen de sí mismo lo sustenta
- La calidad general de su vida mejora
- Las amistades mejoran
- Las otras cualidades (semillas) son capaces de crecer
- Sus relaciones crecen
- La vida familiar mejora
- Los equipos de trabajo serán más efectivos
- Las iglesias crecen en tamaño y eficacia
- Las empresas cada vez más son orientadas a las personas
- Las comunidades prosperan

Y el Señor es adorado y glorificado.

NOTA: Las "Aplicaciones Prácticas" en las páginas siguientes se incluyen con el fin de proporcionar:
1. Ejemplos de formas prácticas para hacer crecer la semilla
2. Material adicional para su estudio y discusión
3. Un "menú" en el que puede seleccionar los elementos específicos que se sumarán a su propia práctica personal.
Cada capítulo o "semilla" incluye una sección similar.

ORACIÓN

Algunas sugerencias . . .

«Señor, por favor ayúdame a tener
el más alto respeto hacia ti».

«Ayúdame a adorarte en mis pensamientos,
palabras y acciones».

«Señor, te doy gracias
por hacerme sentir importante para ti».

«Te pido que me ayudes a tratar
a las personas con dignidad y respeto».

PENSAMIENTOS Y ACTITUDES

Medite en escrituras como estas.

Éxodo 20:12

Proverbios 11:16

Romanos 12:10

Romanos 13:7

Filipenses 2:3

1Pedro 2:17

Afirme pensamientos como estos ....

- Dios es grande, y merece el más alto respeto. ¡Yo le adoraré!
- ¡Dios creó a las personas, ¡y les ama!
- ¡Las personas son importantes incluyéndome a mí!
- Aun cuando pueda parecer lo contrario, las personas son importantes.
- ¡Las personas alrededor son importantes!
- ¡_____ es una persona importante!
- ¡Yo trataré a _____ con respeto!
    (Ponga el nombre de la persona en el espacio)

Otras sugerencias
- Recuerde como Dios respeta a las personas
- Memorice el verso del tema al comienzo de este capítulo
- Piense acerca de otras personas.
- Recuerde los nombres de otras personas

FRASES

Algunas sugerencias para decir o escribir a los demás.
- ¡Eres importante!
- _____, respeto su opinión
- ¿Qué piensa _____?
- ¡He estado pensando en usted!
- ¡Deseo escuchar tus ideas acerca de esto!
- ¡Deseo saber que es lo más importante para ti!

ACCIONES

Sugerencias ...
- Mire a la persona con la que está platicando.
- Abra la puerta a los demás.
- Vístase apropiadamente y con respeto.
- Llegue siempre a tiempo, respetar el tiempo de los demás, es respetarlos a ellos.

DISCUSIÓN

Para la reflexión personal o consideración en grupos

1. ¿Qué significan para mí las referencias bíblicas en la sección de los Pensamientos y Actitudes que hablan acerca del respeto?

2. ¿A quien debemos de respetar? ¿Porque?

3. ¿Respeto yo a otras personas?

4. ¿Que necesito hacer para mostrar gran respeto hacia los demás?

5. ¿Qué voy a comprometer a cambiar o hacer?

Animar

INSPIRACIÓN CON CORAJE

**No dejemos de congregarnos, como acostumbran hacerlo
algunos, sino animémonos unos a otros, y con mayor razón
ahora que vemos que aquel día se acerca.**

– Hebreos 10:25

Animar consiste en inspirar a otra persona con coraje o confianza. Literalmente significa «darle aliento» a una persona, con el fin de tranquilizarlo, estimularlo, y apoyar sus esfuerzos para lograr el éxito.

Para entender mejor qué es animar, vamos a definir dos palabras: coraje e inspirar. El coraje es el estado mental que permite a una persona a enfrentar el peligro, el miedo, los desafíos y cambios inesperados; con confianza, resolución o valentía. Inspirar significa estimular a la acción, animar. Proviene del latín «inspirare», que significa «inspirar».

Por lo tanto, animar es «inspirar con coraje». Esto es, alentar a que se fomente el coraje y la confianza en una persona para enfrentar los peligros, miedos, desafíos, o cambios inesperados.

OTRAS PALABRAS PARA ÁNIMO

- Impulsar
- Exhortar
- Confortar
- Alentar
- Motivar
- Estimular

ANIMAR: EN NUESTRA RELACIÓN CON EL SEÑOR

Desde el momento en que Adán pecó ^{Génesis 3:10} hasta el libro de Apocalipsis ^{Apocalipsis 1:17} leemos acerca de cómo el encuentro con Dios todopoderoso infundió temor en el corazón del hombre. Aun sus representantes causaron gran temor. Por ejemplo, Lucas informó en su evangelio que los pastores estaban aterrorizados cuando los ángeles anunciaron el nacimiento de Jesús. ^{Lucas 2:9}

Existen al menos dos tipos de temor cuando tenemos un encuentro con Dios. El primero es el «temor de Dios» o «Respeto supremo», que hablamos en el capítulo anterior. El segundo tipo de temor es el miedo intenso que hace que la gente injusta se reduzca de tamaño, quede muda y paralizada ante Aquel (Dios) que es Poderoso, Santo y Puro.

Por otra parte nos alienta. Aunque Dios requiere que mantengamos el «sumo respeto» que se merece, Él se ofrece a sustituir el miedo intenso con su amorosa gracia y misericordia. Incluso el vino y caminó entre nosotros, y desea que tengamos una relación de amistad con Él.

Antes de ascender Jesús a los cielos, envió a su espíritu para morar en aquellos de los que creen en Él, el Espíritu Santo, quién es llamado «Consolador y Consejero» ^{Juan 14:16-26}

El Señor sabe que la vida presentará muchos temores y desafíos al ser humano. Él anima a «no temer». De hecho, la frase «no tengas miedo» es usada más de 51 veces en la Biblia.

El Señor provee la ayuda necesaria a través de su Palabra, para enfrentar los miedos y superarlos. Sus oraciones, sus pensamientos, sus palabras y sus acciones son muy alentadoras para nosotros.

Cuando se da uno cuenta que el Dios de toda la creación —el único— es nuestro amigo, los miedos o temores, por más grandes que sean, se ven desde una perspectiva diferente. Hay que estar inspirados con valor y confianza.

ANIMAR: EN NUESTRAS RELACIONES CON LOS DEMÁS

Hay mucho miedo el día de hoy. La psicología moderna ha identificado miles de fobias y miedos diferentes. Y lo que puede ser temible para una persona puede no serlo para otra. Cada persona se enfrenta a su propio conjunto de peligros, miedos, retos y cambios inesperados en la vida.

La exhortación ayuda a llenar la necesidad de la gente para enfrentarse a sus miedos y desafíos en la vida. Las relaciones pueden ser debilitadas o fortalecidas por la manera que expresen y enfrenten esos temores y desafíos. Se puede optar por animarse unos a otros, y exhortarse; o elegir algo más.

Si tenemos en cuenta todo lo que el Señor hace por la humanidad, y cómo Él anima, de esa manera hay que animar a otros. Becky Pippert escribe acerca de esto en su libro «Out of the Saltshaker and into the World —Evangelism as a Way of Life», y ofrece una paráfrasis del pasaje de la Biblia que habla del Dios que consuela y conforta: «Bendito sea el Dios que ha caminado al lado de nosotros; que camina junto a nosotros en nuestros sufrimientos, para que podamos ser capaces de caminar al lado de los otros en sus tribulaciones con todo el mismo caminar que nosotros hemos experimentado en compañía con Dios». 2 Corintios 1:3-4 (paráfrasis)

Por cierto, animar es uno de los mejores atributos que se puede tener; una de las bendiciones más valiosas que Dios otorga: es que la gente pueda darse el uno al otro en sus relaciones.

Los síntomas y consecuencias ....
CÓMO SABER CUANDO EL ÁNIMO ES DÉBIL O INEXISTENTE

La falta de aliento o desaliento se caracteriza por una actitud de desánimo, falta de motivación, falta de alegría, el miedo a lo que pueda pasar o el miedo a tomar riesgos.

Animar es el oxígeno para el alma.
– George M. Adams

Los niveles de entusiasmo y energía son bajos. Las baterías emocionales pueden estar descargadas. Las personas pueden tener pocas ganas de trabajar hacia las metas que una vez planearon, incluso tienden a evitar establecer nuevas metas.

Las personas desalentadas tienden a centrarse en los problemas y las preocupaciones. Les resulta más complicado resolver las situaciones difíciles. La desesperanza y el pesimismo pueden ser evidentes. Las personas pueden perder su confianza, rendirse ante la adversidad, y paralizarse. Las relaciones pueden llegar a ser difíciles y tristes.

Las posibles razones...
EL PORQUE LAS PERSONAS FALLAN EN ANIMAR A OTROS

Algunas personas no animan a otras porque no se dan cuenta del gran estímulo que Dios les ofrece. Es decir, se centran en las formas desalentadoras del mundo en lugar de las promesas alentadoras del Señor.

El no poder disfrutar de la exhortación que Él ofrece, pueden buscarla en otra parte y su egocentrismo puede mantenerlos enfocados en tratar de encontrar aliento para sí mismos en lugar de dárselo a otros.

Otras personas pueden dejar que las distracciones de la vida nublen su sensibilidad a las necesidades de los demás. Se les puede olvidar lo mucho que todos necesitan ser animados. Y es posible que se dejen engañar por las personas que ocultan sus miedos y que pretenden tener valor.

A otras personas les es difícil «animar» porque carecen de la comprensión y la habilidad para hacerlo. Se les puede olvidar que las personas tienen diferentes tipos de temores y retos. Ignoran ciertos temores que tienen otros porque creen que son insignificantes o porque ellos no sienten esos temores. Otros viven o trabajan en entornos en los que no se fomenta —o raramente es otorgada o recibida— la motivación. Mientras unos no animen a otros, el desaliento prevalecerá.

La buena cosecha que produce...

CUANDO EL ÁNIMO CRECE

La gente que es animada en su lucha siente que no está sola, que alguien se da cuenta y se preocupa por ellos, son motivados con palabras de aliento; y si es necesario, «corren la carrera» juntos.

Cuando una persona se encuentra en peligro, el ánimo dice: «¡Yo estoy aquí contigo para ayudarte a salir de esto!» Cuando una persona se enfrenta al miedo, el ánimo dice: «yo estoy contigo para consolarte y ayudarte a ser valiente». Cuando enfrentan retos, el ánimo dice: «deseo que los superes, ¡Deseo que tengas éxito!». Cuando vienen los cambios inesperados en la vida, el ánimo dice: «yo te ayudaré a manejar esto».

Hay que animar a los demás, siempre y cuando sea necesario. Es uno de los regalos que difícilmente podrán rechazar las personas que lo reciben. Es el obsequio perfecto para todas las ocasiones. Produce muchas bendiciones.

He aquí algunas de ellas:
- La gente se siente motivada para seguir adelante
- Se nutre una adecuada imagen de sí mismos
- Las personas son más seguras
- Los niveles de entusiasmo y energía aumentan
- Se llenan de energía para seguir adelante en su esfuerzo
- Las baterías emocionales se recargan
- Las amistades se fortalecen
- El trabajo en equipo aumenta
- Otras cualidades (semillas) son estimuladas para crecer

ORACIÓN

Algunas sugerencias . . .

«Gracias por animarme constantemente. Gracias por enviar tu Espíritu Santo para vivir en mí y darme consuelo».

«Querido Señor, gracias por el aliento que me envías a través de otras personas».

«Señor, por favor ayúdame a ser sensible a los peligros, miedos, retos y cambios inesperados que otras personas enfrentan en la vida».

«Señor, por favor ayúdame a animar a otros, así como Tú me has alentado. Amén».

PENSAMIENTOS Y ACTITUDES

Medite en escrituras como estas.

- Josué 1:1-18
- 2 Samuel 19:7
- Salmos 10:17
- Isaías 1:17
- Isaías 41:10
- 2 Corintios 1:3-4
- 2 Timoteo 1:7
- Hebreos 10:25

Afirme pensamientos como estos ...
- ¡El Señor me anima constantemente!
- ¡El Señor es más grande que todos mis miedos!
- Las personas que me rodean necesitan ser animadas.
- _____ necesita ser alentada.
- ¡Voy a ser un motivador!
- ¡_____ está haciendo un trabajo maravilloso!

Otras sugerencias...
- Medite prácticamente en cualquier Salmo.
- Memorice el versículo bíblico que se encuentra al comienzo de este capítulo.
- Recuerde los peligros, miedos, retos y cambios inesperados que otras personas enfrentan en la vida.
- Recuerde que las personas tienen diferentes temores y retos.
- Medite en cómo el Señor exhortó a los demás

FRASES
Algunas sugerencias para decir o escribir a los demás.
- ¡Sigue adelante, buen trabajo!
- _____, admiro tu persistencia.
- !Sé que puedes hacerlo!
- ¡_____, sé que has puesto mucho trabajo en esto, y eso se nota!
- ¿Recuerdas lo que dice el Señor en...? (citar un pasaje de la Biblia, como los que se citan en este capítulo)

"Si no puedo darle a mis hijos una madre perfecta por lo menos puedo darles más de la que tienen - y hacer que sea más amorosa. Voy a estar disponible, voy a tomar tiempo para escuchar, tiempo para jugar, tiempo para estar en casa cuando lleguen de la escuela, tiempo para aconsejar y exhortar."
– Ruth Bell Graham

ACCIONES
Sugerencias ....

- Ser sensible a las necesidades de los demás y animarlos —escuche con atención los problemas que están enfrentando—.
- Tome nota de los tipos de exhortación que son más significativos para la gente que está cerca de usted.
- Anime de acuerdo a la persona y su situación.
- Anime a otras personas a lograr sus metas.
- Anime a los demás a practicar las 12 Semillas.

DISCUSIÓN
Para la reflexión personal o consideración en grupos.

1. ¿Qué significan las referencias bíblicas en la sección de pensamientos y actitudes?

2. ¿Cuál es el mejor ejemplo de ánimo?

3. ¿Qué puede hacer para darle más ánimo a los demás?

4. ¿Qué voy a cambiar o hacer para animar a otros?

¿Tenemos pruebas y tentaciones?
¿Hay algún problema en cualquier lugar?
No debemos desanimarnos,
Llévela al Señor en oración..
– Joseph Medlicott Scriven

Escuchar

BUSCAR, OIR, ATENDER

**«Todos deben estar listos para escuchar,
y ser lentos para hablar y para enojarse»**
– Santiago 1:19

Escuchar es «hacer un esfuerzo consciente para oír». Es «prestar atención» a otra persona. Escuchar implica percibir los mensajes que se envían —que pueden ser comunicados de muchas maneras.

Escuchar incluye centrarse en los mensajes enviados verbalmente, también, a través del lenguaje corporal, o por otros medios. Por ejemplo, cuando se dice algo así como «Escucha a tu corazón», nos estamos refiriendo a un tipo de escuchar diferente al de escuchar sonidos audibles. Estamos realmente diciendo: «Preste atención a lo que se le está indicando».

Escuchar va más allá de simplemente oír algo. Escuchar implica realmente poner atención. Hay que escuchar con atención y concentrarse al interlocutor, lo cual nos capacita para entender e interpretar lo que se ha dicho. Por ejemplo, oír el silbato de un tren sólo es una parte de escuchar. Notar la advertencia —esto es, detenerse para dejar pasar el tren— es una forma más completa de escuchar y así evitar una tragedia. Incluso la comunicación escrita consiste en escuchar. Por ejemplo, si ha enviado numerosos recordatorios para alertar a alguien, y no hizo caso a sus advertencias, puedes usar la frase de costumbre diciendo: «Traté de advertirle, pero él no me escuchó».

OTRAS PALABRAS PARA ESCUCHAR

- Atender
- Oír
- Interesarse
- Hacer caso
- Tener en cuenta
- Concernir

ESCUCHAR: EN NUESTRA RELACIÓN CON DIOS

Escuchar al Señor es una de las cosas más importantes —y sabias—que los seres humanos pueden hacer. La Biblia usa la palabra «escuchar» más de 352 veces, y muchos de los usos son como advertencias para escuchar al Señor. En muchos casos Él está dando advertencias a que una persona sabia ponga atención; en otros casos él está señalando algo que debemos atender.

Podríamos decir que toda la Biblia la deberíamos de escuchar, porque Dios nos está hablando allí. Tenemos que escuchar su voz. La importancia de esto está ilustrado en la historia del joven aprendiz de sacerdote, Samuel. El anciano pastor, Elí, instruyó a Samuel para responder a la llamada del Señor de esta manera: «Habla, Señor, porque tu siervo escucha». [1 Samuel 3:9]

En los últimos años, el Señor congratuló a María por escuchar la palabra de Dios, [Lucas 10:39-42] mientras que su   hermana Marta estaba ocupada quejándose con cosas menos importantes.

Una cosa maravillosa acerca de nuestra relación con el Señor es el hecho de que Él también nos escucha. David declaró: «Oh Dios, escucha mi clamor y atiende a mi oración. Desde los confines de la tierra te invoco, pues mi corazón desfallece; llévame a una roca donde esté yo a salvo». [Salmo 61:1-2]

Y Él—el gran Dios del universo— ha prometido contestar, así como le aseguró al profeta Jeremías: «Clama a mí y te responderé, y te daré a conocer cosas grandes y ocultas que tú no sabes». [Jeremías 33:3] Así como Él habla a través de su Palabra, que tiempo maravilloso para escuchar.

ESCUCHAR: EN NUESTRAS RELACIONES CON LOS DEMÁS

Escuchar es muy importante en todas las relaciones humanas. Es fundamental para una buena comunicación. Cuando alguien envía mensajes sin que nadie preste atención, o no está haciendo un esfuerzo para recibir esos mensajes, la comunicación no ha ocurrido.

El escuchar hace posible la comunicación; todo el mundo está de acuerdo que la comunicación, es esencial para las relaciones. Escuchar ayuda a llenar nuestra necesidad de atención. Desde la infancia siempre estamos clamando por atención —algunos más que otros—. Escuchar ayuda a dar a la gente la atención que necesitan.

Y hay otra razón por la que el escuchar es tan importante: se aprende cuando se escucha. Es a través de escuchar que uno se entera de las cosas importantes que se necesitan saber de la vida. Es a través del escuchar que llegamos a conocer a otras personas, y aprender acerca de sus temores, necesidades y sueños.

Los síntomas y consecuencias ....
CÓMO SABER CUANDO EL ESCUCHAR ES DÉBIL O AUSENTE

Cuando la gente no puede escuchar a otros, las relaciones rara vez crecen. Los malentendidos son frecuentes, el trabajo en equipo es pobre, los errores son muy comunes.

La gente puede estar tan concentrada en lo que quieren decir, que tienen poco —o ningún— tiempo para escuchar los mensajes que otras personas les envían. La insensibilidad a los demás puede prevalecer. La gente puede ser emocionalmente distante entre sí.

Cuando el escuchar es deficiente, los niños no prestan atención a sus padres, la gente ignora a otros, se deja de prestar atención a las advertencias de seguridad, y las personas que han sido bendecidos con recursos no pueden oír los gritos de los más necesitados.

El primer deber del amor es escuchar.

– Paul Tillich

Dado que el escuchar debe de ser enseñable, si carece de aprendizaje es prácticamente imposible ponerlo en práctica. Por esto es importante conocer la razón del porque las personas que fallan en escuchar no logran conocer y entender a otras personas.

Las posibles razones...

EL PORQUE LAS PERSONAS NO ESCUCHAN

El egocentrismo es una de las razones por la cual las personas no escuchan. Podemos estar tan concentrados en lo que pensamos, o queremos decir, que no somos capaces de escuchar a los demás. Nos olvidamos de que las personas necesitan atención. Además, escuchar puede ser un trabajo duro. Hay algunos que piensan que escuchar es una pérdida de tiempo, y hay otros que no escuchan, porque no saben cómo hacerlo. Pueden ser buenos para enviar mensajes, pero pobres receptores.

La buena cosecha que produce...

CUANDO EL ESCUCHAR CRECE

Cuando el escuchar crece, las personas reciben la atención que necesitan. Ellos son capaces de expresarse y expresar sus temores, necesidades, alegrías y sueños. La gente muestra que se preocupan por los demás cuando ellos escuchan, y están dispuestos a invertir tiempo para estar con ellos. El don del escuchar es un regalo que otra persona pueda atesorar toda la vida. Para resumir algunos de los beneficios del escuchar.

- Las personas reciben la atención que necesitan
- Las personas se sienten más respetadas y alentadas
- Aumenta la comunicación efectiva
- Incrementa el aprendizaje
- Desaciertos y errores disminuyen
- El trabajo de equipo aumenta
- La sanidad toma su lugar
- Las relaciones crecen

ORACIÓN

Algunas sugerencias...

«Amado Señor, ayúdame a escucharte siempre».

«Querido Señor, gracias por escucharme».

«Amado Señor, ayúdame a ser un mejor oyente

para las personas que me rodean».

PENSAMIENTOS Y ACTITUDES

Medita en escrituras como estas.

I Samuel 3:10

Proverbios 18:13

Proverbios 19:27

Jeremías 7:2

Hechos 16:25

Santiago 1:19

Afirma pensamientos como estos ...
- ¡La gente desea ser escuchada!
- Necesito callar de vez en cuando y escuchar.
- Yo puedo aprender de otros.
- Deseo escuchar eso_____ que deseas decir_____.Vale la pena escucharte.

Otras sugerencias...

- Lea la biblia para que escuche a Dios hablarle.
- Piense acerca de los mensajes que la gente le envía.
- Recuerde que el escuchar es un regalo que puede dar.
- Enfóquese en el significado del mensaje.

**Un buen oyente no sólo es popular en todas partes,
pero después de un rato él aprende algo.**

– Misner

FRASES

Algunas sugerencias para decir o escribir a los demás.

- ¡Gracias por decirme eso!
- ¡Quiero saber más!
- ¿Cómo estás?, ¿En serio?
- ¡Te expresas muy bien!"
- ¡Gracias por escuchar!
- ¡Siempre aprendo cuando te escucho!
- Déjame repetirte lo que me has dicho

ACCIONES

Sugerencias ....

- Mire a la persona que le está hablando.
- Escuche activamente - observe el tono de la voz, el lenguaje corporal, la velocidad del mensaje, las expresiones faciales, el uso de palabras descriptivas.
- Tome notas.
- Sea paciente. Escucha bien antes de responder.

DISCUSIÓN

Para la reflexión personal o consideración en grupos

1. ¿Qué significan las referencias bíblicas en la sección de pensamientos y actitudes acerca de escuchar?

2. ¿A quién debemos escuchar? ¿Por qué?

3. ¿Cual es el mejor ejemplo de escuchar?

4. ¿En dónde debo trabajar para regalar a los demás el tiempo para escuchar?

5. ¿Qué voy a comprometerme hacer?

Tenemos dos oídos y una sola lengua para para que podamos escuchar más y hablar menos.
- Diógenes

Apreciar

RECONOCIMIENTO DE UN VALOR

**Estén siempre alegres, oren sin cesar,
den gracias a Dios en toda situación,
porque esta es su voluntad para ustedes
en Cristo Jesús.**
-Tesalonicenses 5:16-18

Apreciar es un reconocimiento del valor, calidad o la importancia de un regalo, hecho o persona. La palabra "apreciar" se basa en la palabra Latín «appretaire», que significa "evaluar".

El apreciar es una expresión de gratitud. Es reconocer el valor de alguien o de algo, y luego expresar agradecimiento por ello. Puede incluir alabar a alguien por algo que se han hecho.

OTRAS PALABRAS PARA APRECIAR
- Reconocimiento
- Gratitud
- Reconocer
- Acción de gracias

APRECIAR: EN NUESTRA RELACIÓN CON DIOS

Cuando llegamos a una comprensión más completa de la bondad y la misericordia del Señor, la reacción tiene que incluir aprecio por él - quién es Él y lo que Él ha hecho y está haciendo. Sin duda, es una parte importante de nuestro culto al Señor y de nuestra expresión de alabanza a Dios.

Cómo vemos las cosas, nuestras actitudes y nuestra visión del mundo, tiene mucho que ver con cuanto aprecio le expresamos al Señor. Si pensamos que somos el centro del universo y todo gira a nuestro alrededor, entonces es poco probable que vamos a expresar mucha gratitud hacia el Señor.

Por otro lado, si reconocemos al Señor como el Creador asombroso del universo, el Todo-poderoso, entonces este reconocimiento de su gran valor estimulará el aprecio. Nos uniremos con el salmista cuando exclama: «¡Aleluya! ¡Alabado sea el Señor! Alaben a Dios en su santuario, alábenlo en su poderoso firmamento. Alábenlo por sus proezas, alábenlo por su inmensa grandeza».^{Salmo. 150:1-2}

Además, cuando nos damos cuenta de que el Señor nos ama y nos valora, nuestros corazones se deben inclinar a una alabanza aún mayor a Él!

Cuando estudiamos del Señor y vivimos en una relación con él, nos damos cuenta de que Él también valora las personas que le honran y le sirven. Por ejemplo, le dio reconocimiento a su siervo Job cuando dijo: «No hay nadie en la tierra como él, él es perfecto y recto, un hombre temeroso de Dios y apartado del mal».^{Job 1:8 b}

El amor de Dios por nosotros muestra cuánto nos valora, enviando a su Hijo lo deja todo claro. A la vez, debemos responder con agradecimiento eterno a Él. ¡Tenemos mucho que agradecerle!

APRECIAR: EN NUESTRAS RELACIONES CON LOS DEMÁS

Además de ser importante en nuestra relación con el Señor, la apreciación es de gran importancia en nuestras relaciones con los demás. La gente necesita reconocer que ellos - y las cosas que hacen - son valoradas. La apreciación les dice que lo son. Apreciación da a las personas retroalimentación positiva. Afirma digno rendimiento y alienta a más de lo mismo.

La apreciación es importante no sólo porque la gente necesita recibirla, sino porque cuando el corazón de una persona está llena de gratitud, tienen que darlo. Dador y receptor son ambos bendecidos.

Los síntomas y consecuencias ....
CÓMO SABER CUANDO EL APRECIAR ES DÉBIL O INEXISTENTE

A menudo se describe la "ingratitud", como la falta de gratitud, significa que las personas no reciben retroalimentación positiva cuando hacen cosas o se dan cosas de valor. Ellos pueden ser disuadidos de hacer más, o sin motivación para seguir adelante. Cuando se carece de aprecio, la gente siente que se ignoran sus esfuerzos, que sus contribuciones son en vano. Lo que es peor, pueden llegar a sentir que ellos mismos no son valorados por lo que son.

Cuando el aprecio es débil o ausente, escuchamos a la gente decir cosas como: "Ellos no aprecian lo que hago." "Es un desagradecido." "El no da crédito a nadie."

Las posibles razones...
EL PORQUE LAS PERSONAS NO APRECIAN

El orgullo es el principal motivo por el cual no somos capaces de apreciar a los demás. Estamos tan centrados en nosotros mismos que no somos capaces de valorar a otros y lo que hacen. A veces ni siquiera nos damos cuenta de todas las cosas que los demás nos dan y hacen por nosotros.

Nos olvidamos de dar gracias al Señor por la provisión diaria en nuestras vidas, pensando que hemos ganado todo lo que tenemos. Nos olvidamos de reconocer a las personas que el Señor envía a proveer nuestras necesidades. Y nos olvidamos de que la gente es valiosa y preciosa para el Señor y que deben ser para nosotros también.

Algunas personas no se dan cuenta lo que otros hacen porque no les gusta admitir que siempre tienen alguna necesidad. O bien, que no quieren reconocer que otras personas les han ayudado.

Gratitud es la memoria del corazón.

-Baptiste Massieu

Algunas personas piensan que expresar agradecimiento es sólo cortesía opcional. Otros no pueden expresar gratitud porque piensan que no tienen el tiempo para decir gracias, lo cual es irónico, ya que alguien se tomó el tiempo para dar.

Hay personas que crecieron en ambientes donde el apreciar rara vez es entregada o recibida. Ellos nunca aprendieron a practicarla. Tienen que aprender de la práctica del Señor Jesús, que siempre dio gracias a su Padre.

La buena cosecha que produce...

CUANDO EL APRECIO CRECE

Cuando el aprecio crece, las personas se sienten valoradas. Ellos sienten que su presencia y sus esfuerzos son reconocidos y tienen importancia. Las amistades se hacen más profundas. El apreciar trae una cosecha de buenos sentimientos y bendiciones a cualquier relación y para cualquier entorno. Entre las muchas bendiciones:

- Las personas se sienten valoradas
- Las personas sienten que lo que hacen se percibe
- Las personas reciben más comentarios positivos
- El miedo a fallar disminuye
- El comportamiento positivo se refuerza
- Gratitud desplaza a la avaricia
- Las habilidades y dones de personas están afirmados
- Aumenta la alegría
- Trabajo en equipo mejora
- Las personas están motivadas
- Las relaciones brillan

Ningún deber es más urgente que la de regresar las gracias.
-Ambrose of Milan

ORACIÓN

Algunas sugerencias...

«Amado Señor, gracias por quien eres y lo que haces».

«Querido Señor, por favor ayúdame a expresar mejor mi reconocimiento y gratitud hacia ti».

«Amado Señor, ayúdame a ser más agradecido con los demás por lo que son y por lo que hacen».

PENSAMIENTOS Y ACTITUDES

Medite en escrituras como estas

Salmo 100:4

Mateo 14:19

I Corintios 15:57

Efesios 5:20

I Tesalonicenses 1:2

I Tesalonicenses 5:16-18

Afirme pensamientos como estos ...
- ¡Aprecio a las personas alrededor de mí!
- ¡Soy agradecido!
- Aprecio lo que los demás hacen por mí.
- _____ es una bendición en mi vida.
- ¡Mi Señor me valora!

Otras sugerencias...
- Lea salmos.
- Recuerde lo que el Señor ha hecho por usted.
- Recuerde lo que los otros han hecho por usted.
- Recuerde lo que usted es en Cristo.

FRASES

Algunas sugerencias para decir o escribir a los demás

- ¡Gracias por ayudarme!
- ¡Te aprecio mucho!
- ¡_____, Gracias!
- ¡Gracias por estar aquí!
- Déjame decirte lo que _____ hizo por mí.

ACCIONES

Sugerencias ...

- Envíe una nota de gracias.
- Reconozca la calidad de carácter de otros.
- Reconozca los triunfos de los demás.
- Esté atento a la gente que hace cosas dignas de alabanza.
- De premios a los demás.

DISCUSIÓN

Para la reflexión personal o consideración en grupos

1. ¿Qué dicen las referencias bíblicas en la sección de pensamientos y actitudes acerca del aprecio?

2. Piense en un momento en que se sintió apreciado. ¿Cómo fue expresado? ¿Cómo le hizo sentir?

3. ¿Deje que otros sepan lo mucho que les aprecia, y las cosas que hacen por usted? ¿Cómo?

4. ¿Qué podría hacer para mostrar más aprecio?

5. ¿Qué va a comprometer para apreciar?

¡La felicidad de una persona depende
de la profundidad de su gratitud!

– John Miller

Confiar

CONFIDENCIA EN ALGUIEN MÁS

«Confía en el Señor de todo corazón, y no en tu propia inteligencia. Reconócelo en todos tus caminos, y él allanará tus sendas».

– Proverbios 3:5-6

Confiar es creer firmemente en la honestidad, integridad o fiabilidad de otra persona o cosa. La total confianza debe colocarse sólo en Dios. Niveles limitados de confianza pueden ser puestos en otras personas. Aunque la confianza requiere tiempo para desarrollarse, es esencial para las relaciones.

OTRAS PALABRAS PARA CONFIAR
- Fe
- Confianza
- Confidencia
- Dependencia
- Creer
- Sumisión

CONFIAR: EN NUESTRA RELACIÓN CON DIOS

Confianza, o fe, es de vital importancia para el Señor. El Antiguo Testamento usa la palabra «confianza» 19 veces; y la palabra «fe» seis veces. El Nuevo Testamento usa «confianza» 23 veces; y «fe» 228 veces. La Biblia declara que «sin fe es imposible agradar a Dios».^{Hebreos 11:6} Moisés, el libertador del pueblo de Israel, aprendió esto de dura manera. A pesar de que estaba en una relación muy estrecha con Dios, él hizo algo que disgustó al Señor. Jehová dijo a Moisés: «Por no haber confiado en mí, ni haber reconocido mi santidad en presencia de los israelitas, no serán ustedes los que lleven a esta comunidad a la tierra que les he dado».^{Números 20:12}

La confianza es un asunto serio para el Señor. La confianza en Él debe ser absoluta: «confía en el Señor de todo corazón». Proverbios 3:5a Esto incluye la entrega total a su señorío e integridad. Se trata de tener seguridad incondicional sólo en Él como el único en el universo que es digno de la más completa confianza.

¿El Señor confía en usted? La respuesta es: «Sí, hasta cierto punto». La Biblia dice que «Jesús no confiaba en la gente que lo seguía, porque sabía lo que estaba en el corazón del hombre». Juan 2:24-25

Sin embargo, Él le ha confiado algunos de sus recursos, y le recuerda que como administrador(a) debe ser hallado(a) fiel y digno(a) de confianza.[1 Corintios 4:2] Él incluso le ha confiado a llevar las buenas nuevas, el Evangelio.[2 Timoteo 2:2] Y mientras más le siga a Él, más digno de Su confianza será.

CONFIAR: EN LA NUESTRA RELACIÓN CON LOS DEMÁS

Confiar permite a las personas desarrollar y mantener amistades. Es necesario tener un nivel básico de confianza para cualquier relación. Mayores niveles de confianza son necesarios en las relaciones cercanas, para que estas se desarrollen y crezcan.

Existe un cierto nivel de confianza prácticamente en cada interacción con otras personas. Por ejemplo, hay un nivel de confianza que se deposita en el mecánico que repara el automovil; la confianza que se le otorga al que proporciona un bien o servicio, etc.

La confianza ayuda a llenar la necesidad de seguridad. Las relaciones que ofrecen seguridad, crecen más y ofrecen bendiciones para cada persona involucrada. Sin embargo, vigile que la confianza no esté fuera de lugar.

No espere tener una absoluta confianza en las personas, solo en Dios es en donde usted podrá confiar de esa manera.

La falta de confianza —desconfianza—, significa que la gente no tiene confidencia en otras personas. Son dudosas de los demás y no están dispuestas a depender unas de otras.

En el trabajo, la confianza puede ser una situación muy difícil y estresante, y muy a menudo improductiva. Así, el criticar, o el miedo a ella, desperdicia energía y obstaculiza el progreso. Las máscaras y tácticas evasivas pueden ocultar verdaderos sentimientos o necesidades.

Cuando la confianza es deficiente, las personas no están dispuestas a confiar en los puntos fuertes de los demás, por lo que el trabajo en equipo sufre o nunca se desarrolla en absoluto. Las personas pueden atacarse unos a otros en lugar de unirse en los desafíos que deben de superar juntos. Las amistades son frágiles, a menudo incapaces de soportar las pruebas que inevitablemente surgen. Las personas pueden sentirse separadas y solas, y las preocupaciones pueden ser angustiosas cuando la confianza no existe.

Las posibles razones...
EL PORQUE LAS PERSONAS NO CONFÍAN

Tal vez, la razón de fondo del porqué la gente no puede confiar en los demás, es porque no tienen una firme confianza en Dios. Ellos pueden estar buscando la máxima seguridad en las personas, que por supuesto, no se la van a proporcionar. A medida que tratan de poner fe en la gente, se decepcionan constantemente, y su confianza en los demás disminuye.

Algunas personas han tenido experiencias tristes en el pasado cuando confiaron en alguien y fueron traicionadas. Situaciones como esas no desean que les vuelvan a suceder, así que simplemente no confían en otras personas para casi nada.

Otras personas no confían porque desean ser autosuficientes e independientes de los demás. Es decir, quieren evitar tener que depender de otras personas. Y otros simplemente son escépticos; tienen una naturaleza de constante cuestionamientos. Es parte de su maquillaje hacer preguntas, e incluso de adivinar. Yendo demasiado lejos, esto puede impedir el crecimiento de la confianza en una relación. Hacer que la otra persona llegue a sentir que todo lo que él o ella haga será cuestionado.

Luego, por supuesto, hay algunas personas que son muy poco fiables, incluso a sí mismos. La confianza no es parte de su vida —no la dan, y no la reciben.—

La buena cosecha que produce...
CUANDO LA CONFIANZA CRECE
Cuando uno pone plena confianza en el Señor, la persona basa su fidelidad en Aquel que dijo que «siempre estaría con nosotros». Mateo 28:20

Con la plena confianza en Él, somos libres para poner un nivel adecuado de confiabilidad en otras personas.

A medida que crece la confianza entre las personas en una relación, ya no tienen la necesidad de cuestionar continuamente los motivos de cada uno. El aumento de la confianza trae mayores niveles de significado, ya que son capaces de compartir sus temores, necesidades, alegrías y sueños. Muchas personas consideran a sus amigos de confianza como sus mayores tesoros en la vida.

Otros beneficios incluyen:
- Las personas son capaces de confiar en los demás
- La reducción de tiempo y energía desperdiciado en el uso de máscaras y tácticas inútiles
- Las personas aprenden cosas nuevas e interesantes sobre los demás, incluyendo sus fortalezas y debilidades
- Las personas trabajan de una forma más eficaz
- La «micro-supervisión» disminuye
- Las personas aprenden a tomar mayores responsabilidades
- El trabajo en equipo aumenta
- Otras semillas se desarrollan
- Las amistades aumentan

ORACIÓN

Algunas sugerencias...

«Amado Señor, ayúdame a confiar completamente en ti».

«Amado Señor, por favor, ayúdame a confiar sabiamente en otras personas».

«Amado Señor, por favor ayúdame a ser digno de confianza».

PENSAMIENTOS Y ACTITUDES

Medite en escrituras como estas

Salmo 34:8

Salmo 40:4

Proverbios 3:5,6

Proverbios 29:25

Proverbios 31:10,11

1 Corintios 4:1,2

Afirme pensamientos como estos ...
- En Dios confiamos.
- Confío en _____.
- El nivel de confianza es cada vez mayor.
- La confianza es preciosa y merece un manejo cuidadoso.

Otras sugerencias...

- Confíe completamente en Dios.
- Confíe sabia y cuidadosamente en otros.

FRASES

Sea cortés con todos, pero íntimo con pocos, y esos pocos que estén bien probados antes de darles tu confianza.
– George Washington

Algunas sugerencias para decir o escribir a los demás.

- "_____, confío en ti."
- "Eres una persona de confianza."
- "Voy a honrar la confianza que tienes en mí."

ACCIONES
Sugerencias ...

- Aventúrese a salir de su zona de comodidad
- Delegue y comparta responsabilidades
- Evite la micro-supervisión hacia los demás
- Sea paciente

DISCUSIÓN
Para la reflexión personal o consideración en grupos.

1. ¿Qué significan las referencias bíblicas en la sección de pensamientos y actitudes acerca de la confianza?

2. ¿En quién debemos confiar? ¿Por qué?

3. ¿Tiene la confianza distintos niveles?

4. ¿Cuál sería el mejor ejemplo acerca de la confianza?

5. ¿En qué me puedo comprometer?

Es igual al no confiar en todo el mundo, y no confiar en nadie.
- Siglo XVIII Proverbio Inglés

La sociedad se basa en la confianza, y la confianza en la integridad en uno de otro.
– Robert South

Integridad

FUERZA MORAL Y ENTEREZA

**A los justos los guía su integridad;
a los falsos los destruye su hipocresía.**

– Proverbios 11:3

La palabra Integridad proviene del latín «integritas, integritatis», que significa «solidez, pureza»; e «integer», que significa «entero, completo». En matemáticas, a un número entero se le llama un número íntegro, como oposición a una fracción. La integridad es la firme adherencia a un código ético o moral. Es la condición de ser puro, íntegro o completo. Los pensamientos, palabras y acciones están en acuerdo unos con otros.

OTRAS PALABRAS PARA INTEGRIDAD

- Carácter
- Ética
- Fiel
- Honor
- Honestidad
- Seriedad
- Virtud
- Rectitud

INTEGRIDAD: EN NUESTRA RELACIÓN CON EL SEÑOR

La integridad es esencial en una relación creciente con Dios. Jesús es el modelo perfecto de integridad. Él es «real», y espera que seamos «genuinos» hacia Él. La relación con el Señor es como ninguna otra. Uno de los aspectos singulares de esta relación es que Él nos conoce por dentro y por fuera. No se le puede ocultar algo a Él, el esconderse no funciona. No funcionó para Adán y Eva en el Jardín del Edén, y desde luego que no funciona hoy en día.

La Biblia declara: «Ninguna cosa creada escapa a la vista de Dios. Todo está al descubierto, expuesto a los ojos de aquel a quien hemos de rendir cuentas». ^{Hebreos 4:13} Una de las cosas que Jesús odia más es la hipocresía — que es practicar o profesar creencias, sentimientos o virtudes que en realidad uno no posee.— Esencialmente, es una falta de integridad, y Él advirtió a sus seguidores a estar en guardia contra ella. ^{Lucas 12:1} Jesús odia ver a la gente que parece justa por fuera, pero su interior está lleno de maldad. ^{Mateo 23:28}

La integridad implica un manejo adecuado de la verdad; y la verdad es de gran importancia para el Señor. La Biblia usa la palabra «verdad» 41 veces en el Antiguo Testamento, y 183 veces en el Nuevo. Recuerde, Jesús se identificó como «el camino, la verdad y la vida». ^{Juan 14:6}

Hay otros aspectos de integridad involucrados en nuestra relación con el Señor: la salud y el bienestar.

Es interesante ver el relato de la sanación de un hombre con una mano seca. La Biblia dice «Así que la extendió y le quedó restablecida, tan sana como la otra».^{Mateo 12:13} En otra traducción de la Biblia, dice que la mano le fue restaurada. ^{Mateo. 12:13}

La historia de sanación está asociada con la restauración de la solidez y la entereza, que son definiciones de integridad.

INTEGRIDAD: EN NUESTRAS RELACIONES CON LOS DEMÁS

La integridad es esencial para que las relaciones se mantengan fuertes. Tanto en los negocios, como en la vida personal, la integridad es una de las cualidades más valoradas del carácter. Invita a la confianza y la ayuda a crecer.

La integridad ayuda a llenar la necesidad humana de autenticidad. La gente desea ser real para los demás, todos deseamos el artículo genuino. A nadie le gusta ser engañado. Se desea siempre la verdad. Se busca que la gente sea honesta y abierta para con uno.

Hay otro aspecto de la integridad en las relaciones con otros creyentes: la unificación, que significa «ser uno». Jesús odia ver a sus seguidores dividirse. En una de sus oraciones registradas, Jesús pidió tres veces que sus seguidores «fueran uno». Juan 17:11-22

Los síntomas y consecuencias ....
CÓMO SABER CUANDO LA INTEGRIDAD ES DÉBIL O AUSENTE

Cuando se carece de integridad, los pensamientos, el decir y las acciones de una persona no se alinean. La gente dice una cosa y hacen otra. Ellos mienten y engañan.

Cuando se carece de integridad, hay un estado de des-integración, donde las cosas se están desmoronando. Es un estado de «desintegrar». En este estado la gente «se divide», las relaciones se «desmoronan», la confianza «se pierde».

Sin integridad, las relaciones no son sólidas, son frágiles e incompletas. La gente se hiere entre sí, ya sea intencional o no. Las personas engañan y son engañadas. Las consecuencias son dolorosas. La confianza no crece y las otras semillas también sufren. Es una manera terrible de vivir.

Las posibles razones...
EL PORQUE LAS PERSONAS NO PRACTICAN LA INTEGRIDAD

Algunas personas se olvidan que el Señor es un Dios Omnisciente, que conoce los pensamientos, escucha cada una de las palabras que se dicen, y ve todas las acciones que cada persona realiza. Se olvidan de que se tiene una responsabilidad ante Él. Otra razón por la cual la gente falla en la integridad, es que su egocentrismo los hace resistentes a cualquier realidad o conjunto de morales distintas de lo que es conveniente para su propia ganancia egoísta. Este es un tipo de auto-engaño, practi-cado por personas que tienen miedo a enfrentarse a la verdad.

Algunas personas piensan tontamente que ser hábiles engañadores es una muestra de que son más listos que los de-más. O piensan que el fin justifica los medios. Otros se están juntando con la gente equivocada y algunos no tienen idea de lo que la integridad realmente es. Es fácil dejar de lado la integridad cuando vemos en las noticias que se centran con frecuencia en las personas que no la tienen.

Además, algunos segmentos de nuestra cultura moderna hacen poco para enseñar sobre integridad o la forma de ponerla en práctica.

La buena cosecha que produce...

CUANDO LA INTEGRIDAD CRECE

Cuando la integridad crece, las relaciones se vuelven más saludables y sanas. Las personas no tratan de engañar a los demás, y son menos propensos a ser engañados. Las personas se enfrentan a la realidad. Son «reales» entre sí. Cuando la integridad crece, la gente se centra más en lo que el Señor considera adecuado, en lugar de la opinión de la corriente popular. Ven a Jesús como modelo de integridad perfecta. Y se alegran cuando la integridad se practica en las vidas de otras personas.

La integridad aporta simplicidad refrescante. La vida puede ser suficientemente complicada sin tener que tratar con la gente que son dos caras.

Esta es una lista de algunos de los beneficios de la integridad:
- Tiempo y esfuerzo no tienen que ser desperdiciado en ocultar motivos, cubrir rastros o inventar excusas
- Menos daño se hace a los demás
- La vida es simple, y el estrés disminuye
- Podemos ser más fiel a las cosas positivas en lugar de estar recuperándose de los engaños negativos
- El trabajo en equipo y el progreso mejoran
- Las personas cumplen lo que prometen
- Las relaciones de confianza aumentan

ORACIÓN

Algunas sugerencias...

«Amado Señor, por favor ayúdame
a tener integridad ante tus ojos».

«Querido Señor, ayúdame a que mis pensamientos,
palabras y acciones sean íntegros».

«Querido Señor, por favor ayúdame a tener integridad
en todas mis relaciones con los demás».

PENSAMIENTOS Y ACTITUDES

Medite en escrituras como estas.

Salmo 26:1-5

Salmo 139:23,24

Proverbios 10:9

Proverbios 11:3-5

Marcos 12:14

I Pedro 2:12

Afirme pensamientos como estos ...
- No voy a engañar a los demás.
- La integridad es una cualidad que valoro mucho.
- La honestidad es la mejor política.
- _____ es una persona de integridad.

FRASES

Algunas sugerencias para decir o escribir a los demás.
- ¿Cuál es la manera correcta de hacer esto?
- Por favor, ayúdeme a resolver mis motivos.
- Admiro su integridad.
- Gracias por ser honesto(a) conmigo.
- ¿Qué quiere Jesús que hagamos ahora?

Otras sugerencias...
- Siempre diga la verdad.
- No difundas chismes o rumores.
- Diga claramente lo que desea decir.

ACCIONES
Sugerencias ....
- Haga lo que dijo que haría.
- Aprenda de las personas que viven en integridad.
- Céntrese en la verdad, reconozca los hechos.
- Haga lo correcto, mantenga en alto sus estándares de integridad.
- Practique la integridad, tanto en las cosas pequeñas, como en las grandes.
- Entre en una relación de responsabilidad.

DISCUSIÓN
Para la reflexión personal o consideración en grupos

1. ¿Qué significan las referencias bíblicas en la sección de pensamientos y actitudes acerca de la integridad?

2. ¿Cuál es el mejor ejemplo de integridad?

3. ¿Cuáles son las señales que se necesitan para una mayor integridad?

4. ¿Qué haré para practicar una mayor integridad?

5. ¿En que me comprometo para hacer un cambio?

El carácter es lo que eres en la oscuridad.
– Dwight L. Moody

**La gente puede dudar de lo que dices,
pero siempre creerán lo que haces.–**
– Anonymous

Orden

ESTRUCTURA, PRIORIDADES, GUÍAS

**Pero todo debe hacerse de
una manera apropiada y con orden**
– 1 Corintios 14:40

Orden es la disposición de las partes de un todo. Incluye el cumplimiento de la ley y la conducta civil. En una relación que incluye pautas y límites para la conducta, así como un acuerdo sobre las prioridades. Las prioridades son el "orden previo" de importancia o preferencia.

La práctica de la conducta ordenada se llama disciplina. Es caracterizada por los buenos hábitos y rutinas provechosas.

OTRAS PALABRAS PARA ORDEN

- Disciplina
- Armonía
- Patrón
- Pauta
- Rutina
- Estructura

ORDEN EN NUESTRA RELACIÓN CON EL SEÑOR

Cuando miramos al Señor vemos su estructura y diseño en el universo que Él creó, hay un orden increíble en toda su creación. También vemos el increíble orden en el diseño y detalle, tanto para el tabernáculo como el templo en el Antiguo Testamento. Él sin duda tiene que ver con el orden y la estructura.

El Señor también está muy preocupado acerca de las prioridades. Esto es revelado cuando se le preguntó acerca de cuál de los mandamientos era el más grande. Él respondió declarando que el mayor era amar a Dios, y el segundo gran mandamiento, Él dijo, era amar a tu prójimo como así mismo Marcos 12:28-31 Al estudiar la vida de Cristo, lo vemos seguir un orden, este conjunto de prioridades, en su vida.

Los preceptos también son importantes en nuestra relación con el Señor. Sus preceptos son tan perfectos que Él los llama leyes. Sus leyes revelan sus caminos. Cuando llegamos a entender más acerca de él y acerca de sus caminos, nuestro aprecio crece hasta el punto en el que podemos exclamar como el salmista: «¡Cuánto amo yo tu ley! Todo el día medito en ella». Salmo 119:97

A medida que aprendemos de Él y sobre sus leyes, aprendemos más sobre cómo funcionan las cosas en realidad, incluyendo las relaciones. Y encontramos ayuda en el desarrollo de una excelente estructura, prioridades y directrices para nuestras vidas. Aprendemos cómo agradarle, y al mismo tiempo descubrir que su propósito es la mejor manera para vivir.

ORDEN: EN NUESTRA RELACIÓN CON LOS DEMÁS

El orden es necesario para que las personas vivan y trabajen juntos. El orden es la estructura que permite a los grupos para alcanzar una calidad de condiciones y logros que   beneficien a todos. El orden abarca las prioridades - compartidas e individuales - que los esfuerzos directos. Y es el conjunto de directrices y límites que ayudan las personas a que vivan y trabajen juntos en paz.

La necesidad de un orden es una de las razones principales para todo el sistema de la ley y su aplicación en una sociedad. La gente civilizada desea mantenerse en la ley y en el orden.

Los síntomas y consecuencias ....

CÓMO SABER CUANDO EL ORDEN ES DÉBIL O AUSENTE

Llamado desorden, la falta de orden toma muchas formas: la vida desorganizada, prioridades confusas, desorganización. En formas menores, la ausencia de orden puede ser evidente en una habitación desordenada, un garaje desordenado, falta de puntualidad, etc.

Cuando el orden es deficiente, los esfuerzos no están organizados y las prioridades no pueden ser establecidas. La disciplina puede ser burlada, límites ignorados, compromisos descuidados. Las reglas pueden ser observadas sólo cuando sea conveniente. Las leyes se rompen, y la anarquía puede prevalecer. Las peleas o disturbios pueden incluso comenzar.

Un ejemplo de desorden sería una intersección de tráfico incontrolado, donde los conductores se comportan como si cada uno tuviera el derecho de paso, y desean proceder tan rápido como ellos lo quieran. La lesión y los daños resultantes serían recordatorios dolorosos de las consecuencias del desorden

Las posibles razones...
EL PORQUE LAS PERSONAS NO PRACTICAN EL ORDEN

Desde que Adán y Eva decidieron rebelarse y no siguieron las instrucciones del Señor, nosotros los humanos hemos querido hacer las cosas a nuestra manera. Queremos lo que queremos cuando lo queremos, sin tener en cuenta el impacto en los demás. Tendemos a rechazar a rendir cuentas o seguir las reglas o normas.

Algunas personas simplemente no están dispuestos a invertir el tiempo y esfuerzo en el orden que lo requiera. Otros, nunca aprendieron a organizarse. Pueden ser, como alguien dijo, "organizativamente cuestionadas". Incluso otros pueden pensar erróneamente que el orden restringe más que liberar a una persona.

La gente es negligente con el orden cuando se olvidan las muchas consecuencias negativas de lo que viene asumir el control de sus vidas: el desorden.

La falta de un liderazgo efectivo puede ser un factor importante en la negligencia del orden.

Un líder debe coordinar los esfuerzos mutuos de las personas para lograr una meta u objetivo compartido. Coordinación (piense en "ordenar") es una parte importante del orden. Cada líder debe promover el orden, y debe ser personalmente un buen modelo para el comportamiento ordenado y un compromiso con la disciplina

La buena cosecha que produce...
CUANDO EL ORDEN CRECE

Mientras que algunas personas dicen que quieren una completa libertad para hacer lo que quieran, sólo el tonto desea vivir sin orden. El deseo de la ley y el orden impulsa a las personas a poner las señales en alto, estableciendo las leyes de dirección, y otras reglas para ayudar a las personas a que vivan juntas en seguridad.

El orden también aporta pautas básicas para las relaciones, las prioridades para dirigir nuestros esfuerzos y rutinas simplificadas para realizar tareas de forma eficiente.

Los sabios encuentran que ordenar su vida de acuerdo a los principios del Señor les concede la libertad y la alegría en la vida. Están agradecidos de un amoroso Señor que ha inspirado las pautas que se deben registrar en su libro para vivir una vida exitosa y ordenada entre sí. Algunos de los muchos beneficios de orden:
- Las personas se interrelacionan con respeto
- Las personas tienen una pista para dirigirse
- Muchos de las conductas destructivas y sus consecuencias se pueden evitar
- Los horarios individuales se coordinan mejor
- Los recursos se emplean de manera más eficaz
- Las tareas se hacen de manera más eficiente conforme se practican y refinan los hábitos ordenados y rutinas.

A menos que tenga una fuerte y sana rutina,
Dudo que se pueda vivir una vida exitosa.
—Dave Thomas

ORACIÓN

Algunas sugerencias…

«Amado Señor, por favor ayúdame a entender mejor

y vivir de acuerdo con el orden que has creado».

«Adorado Señor, por favor ayúdame a entender mejor

lo que es importante para ti».

«Amado Señor, por favor ayúdame a vivir una vida ordenada

para que sea una bendición para las personas que me rodean».

PENSAMIENTOS Y ACTITUDES

Medite en escrituras como estas.

Salmo 119:133

Proverbios 15:32

Proverbios 28:2

I Corintios 14:40

Afirme pensamientos como estos …
- ¡La disciplina trae muchos beneficios!
- ¡ Son rutinas para conservar energía mental!

Otras sugerencias…
- Pregúntese con frecuencia a sí mismo: ¿Qué es más importante?
- Aprenda reglas.
- Piense en reglas como pautas para una vida ordenada.
- Identifique y céntrase en las prioridades.

La disciplina es una demanda para el atleta para ganar un juego. Un capitán requiere disciplina para dirigir un barco. Un pianista necesita mucha disciplina para practicar para el concierto. Solo es cuestión de la conducta para que la disciplina sea cuestionada.
– Gladys Brooks

FRASES

Algunas sugerencias para decir o escribir a los demás.

- ¡Gracias por ayudarme a organizar esto!
- ¿Que es importante aquí?
- ¿Cómo se puede hacer las cosas de manera más eficaz?
- Por favor, ayúdeme a aclarar mis prioridades.

ACCIONES

Sugerencias ....

- Mantenga las prioridades por escrito, léelas a menudo.
- Observe a las personas que están organizadas - aprenda de ellos.
- Desarrolle rutinas para tareas necesarias.
- Simplifique, clarifique, elimine el desorden.
- Entre en una relación de responsabilidad - se rinden cuentas a los buenos hábitos y disciplinas.

DISCUSIÓN

Para la reflexión personal o consideración en grupos

1. ¿Qué significan las referencias bíblicas en la sección de pensamientos y actitudes acerca del orden?

2. ¿Cuáles son algunas señales de que un mayor orden puede ser necesario en nuestras vidas?

3. ¿Cómo el nivel de orden en mi vida afecta mis relaciones?

4. ¿Cuál es el mejor ejemplo de orden?

5. ¿Qué podría hacer para practicar un mayor orden en mi vida y en mis relaciones?

6. ¿Qué voy a comprometerme hacer?

Cuidado

CUIDADO Y SERVICIO, APOYO AMOROSO

El amor nunca falla

– 1 Corintios 13:8a

Cuidado es preocuparnos por una persona, ofreciendo ayuda y sustento, con el fin de promover su bienestar y desarrollo. Estrechamente relacionada con la palabra "amor", cuidar es amor en acción. Es hacer las cosas para el bienestar de los demás. Cuidar es la forma en que aplicamos las 12 Semillas para el beneficio de los demás.

OTRAS PALABRAS PARA CUIDADO

- Asistencia
- Atención
- Comodidad
- Sustento

CUIDADO: EN NUESTRA RELACIÓN CON DIOS

Nuestro Señor cuida a la gente. Al ver su vida mientras caminaba entre nosotros es ver a una persona que constantemente estaba al cuidado de los demás. Él les daba de comer. El los sanó.

Las parábolas que Él enseño, al igual que la historia del Buen Samaritano, ^{Lucas 10:25} revelan claramente su amor a la gente. Su gran amor a la gente es por supuesto, un gran beneficio para nosotros en la medida en que vivimos una relación con Él.

Nosotros somos los destinatarios de su constante amor. Le interesa nuestras preocupaciones: la Biblia nos exhorta a "poner nuestra ansiedad sobre Él, porque Él se interesa por ustedes." ^{1 Pedro 5:7} Él se preocupa por las grandes necesidades, como la salvación:

"Porque de tal manera amó Dios. . ." [Juan 3:16] y también para nuestras necesidades cotidianas, como el pan de cada día. [Mateo 6:11]

También le interesa de qué aprendamos sus caminos. La enseñanza es parte de nuestro cuidado. Es notable que, en los casos en que una traducción de la Biblia se refiere a la "disciplina e instrucción del Señor", [Efesios 6:4] otra traducción llama la "disciplina y amonestación del Señor." [Efesios 6:4]

El cuidado en nuestra relación con el Señor es bidireccional y porque también nos permite cuidar de Él. Cuando caminaba entre nosotros, la gente le siguió "para ocuparse de sus necesidades." [Mateo 27:55] y antes de que él nos dejara, nos dijo a nosotros que íbamos a mostrar nuestro amor por Él en la manera en que cuidáramos de los demás. Después de su regreso al cielo, ya no estaríamos en condiciones de mostrar el cuidado y nuestro amor hacia Él directamente, pero si realmente le amamos, demostraríamos nuestro amor hacia el cuidado de otros. Hasta llegó a decir que, en el Juicio Final va a declarar, «Les aseguro que todo lo que hicieron por uno de mis hermanos, aun por el más pequeño, lo hicieron por mí». [Mateo 25:40]

CUIDADO: EN NUESTRAS RELACIONES CON LOS DEMÁS

Podría argumentar que las personas que han obedecido los mandamientos del Señor de amar a los demás han hecho más por el bienestar de otras personas en esta tierra que los seguidores de cualquier otro maestro de la historia. No tratamos de defender esta afirmación, sino que simplemente decir que el cuidado a los demás, debe ser un desbordamiento hacia todas y cada una de nuestras relaciones, si es que amamos al Señor y le obedecemos.

Debemos recordar que nuestro Señor nos ama y no porque se lo merecen, sino porque el amor es una parte esencial de su naturaleza, [1 Juan 4:16] y el amor debe ser una parte esencial de nuestra naturaleza. Podemos ser un canal de su amor a otras personas, al igual que a menudo son para nosotros.

Todos atendemos a alguien, nos demos cuenta o no. Una de las más bellas características de una relación sana es que las personas ayudan a satisfacer las necesidades de otros, es decir, se alimentan una a otra. Cada persona tiene diferentes dones y necesidades. Cada uno de ellos comparte sus dones a fin de satisfacer las necesidades de los demás.

Es interesante que cuando nos preocupamos por el bienestar de los demás -cuando les amamos- nuestro Señor se da cuenta. Él está especialmente preocupado por los pobres entre nosotros, personas que están necesitadas en su espíritu o necesitadas de recursos. De hecho, en proverbios dice: «Servir al pobre es hacerle un préstamo al Señor; Dios pagará esas buenas acciones». Proverbios 19:17

Los síntomas y consecuencias ....

CÓMO SABER CUANDO EL CUIDADO ES DÉBIL O AUSENTE

Cuando no existe el cuidado las personas se enfocan en sus necesidades y no el cuidado de los demás. Las personas se sienten aisladas, solas y olvidadas. La cercanía que se desarrolla cuando las personas se ayudan y se apoyan es ausente. Las personas con necesidades quedan estancadas a través de la vida, mutiladas para llegar a su potencial. Y las personas con grandes dones que podrían compartir, los retienen y pierden la alegría que viene al ayudar a los demás.

Las posibles razones...

EL PORQUE LAS PERSONAS FALLAN EN CUIDAR

El egocentrismo y orgullo son las principales razones por las que la gente falla de cuidar de los demás. Algunas personas están tan atrapadas en todo lo que pueden obtener en la vida que tienen poco tiempo o energía para mirar a las necesidades de los demás. A veces, ni siquiera ven sus propias necesidades. En otras ocasiones, dicen que están demasiados ocupados para participar.

Algunas personas no cuidan de otros porque el dar amor es a menudo incómodo. Es cuestión de tiempo, energía y otros

**Puedes dar sin amor,
pero no puedes amar sin dar.**

– Amy Carmichael

recursos. Otras personas ponen el cuidado a los demás hasta que ellos mismos se sienten satisfechos con tiempo, energía y recursos.

A veces la gente no cuida de los demás porque se les olvida que las personas necesitan algún tipo de asistencia. O bien, no pueden darse cuenta de lo valioso que sería su ayuda si fueran capaces de ayudar a otros en su necesidad.

Las personas que no consiguen cuidar de otros son desobedientes a los mandamientos de nuestro Señor, y se están olvidando que amar a los demás es una muestra de nuestro amor a Dios.

La buena cosecha que produce...

CUANDO EL CUIDADO CRECE

Cuando el cuidado crece, las necesidades se satisfacen. Las personas se sienten atendidas, y se les cuida. Las personas vienen a darse cuenta de la alegría de dar y recibir ayuda. Ellos vienen a darse cuenta de que "nos necesitamos unos a otros".

A medida que aumenta nuestro conocimiento, nos encontramos con que muchos, quizás la mayoría, de los dones de Dios vienen a través de otras personas. Cada uno de nosotros puede ser un instrumento mediante el cual otros son bendecidos. Aquí están algunas de las bendiciones cuando el cuidado crece:
- Las personas reciben la ayuda que necesitan
- Las personas experimentan la alegría de ayudar a los demás
- Las destrezas se ponen en digno uso
- Los recursos se destinan a uso digno
- Otros objetivos sustituyen al ego-centrismo
- Las personas crecen en gozo
- Se fortalecen las relaciones
- El Señor se complace en que manifestamos nuestro amor por Él, en la manera que amamos a los demás

Si pudiéramos leer la historia secreta de nuestros enemigos, encontraríamos el dolor y sufrimiento suficiente para desarmar todas las hostilidades.
- Henry Wadsworth Longfellow

ORACIÓN

Algunas sugerencias...

«Amado Señor, gracias por las muchas maneras en que me cuidas».

«Querido Señor, por favor ayúdame a ser más sensibles a las necesidades de los demás».

«Adorado Señor, por favor ayúdame a cuidar de los demás y apoyarles amorosamente».

PENSAMIENTOS Y ACTITUDES

Medite en escrituras como estas.

Salmo 55:22

Lucas 10:33-36

Hechos 24:23

I Corintios 13

Efesios 6:4

I Pedro 5:6-7

Afirme pensamientos como estos ...

- Todos necesitamos ayuda.
- ¿Cómo puedo ayudar a las personas que me rodean?
- ¿Qué poseo yo, que alguien más necesita?

Otras sugerencias...

- Recuerde que usted podría ser una bendición en la vida de otra persona.
- Recuerde a las personas a quienes el Señor ha usado para bendecir su vida.
- Piense más a menudo en las necesidades de los demás.

El amor busca una sola cosa: el bien del ser querido.

– Thomas Merton

FRASES
Algunas sugerencias para decir o escribir a los demás.
- ¿Cómo puedo ayudar?
- ¡Me inspira todo lo que haces por los demás!
- ¿Te vas a mudarte el sábado? ¡Voy a estar allí!

ACCIONES
Sugerencias ....
- De o preste cosas a la gente que las necesita.
- De de su tiempo en beneficio de los demás.
- Inicie o únase a un grupo que se comprometa ayudar a ciertas personas de manera permanente.
- Participe en proyectos de la comunidad.

DISCUSIÓN
Para la reflexión personal o consideración en grupos

1. ¿Qué significan las referencias bíblicas en la sección de pensamientos y actitudes acerca del cuidado?

2. ¿Por qué le importamos al Señor?

3. ¿Qué es un buen ejemplo de cuidado?

4. ¿Qué podría hacer para nutrir a los demás?

5. ¿Qué voy a comprometer hacer?

El amor es la clave de todo el programa terapéutico del hospital psiquiátrico moderno.
– Dr. Karl A. Menninger

Sinergia

COOPERATIVA, TRABAJO EN EQUIPO

**Ahora bien, ustedes son el cuerpo de Cristo,
y cada uno es miembro de ese cuerpo.**

– 1 Corintios 12:27

Sinergia es un fenómeno que ocurre cuando las personas trabajan juntas en armonía y alcanzan más de lo que lograrían por separado. La sinergia es un *esfuerzo* combinado, que produce un *resultado* combinado.

La palabra sinergia proviene del griego «syn» que significa junto y «ergón» que significa trabajo. Sinergia es trabajar juntos en equipo. Una forma de pensar de la sinergia es imaginarse una ecuación como esta: 1+1=3.

OTRAS PALABRAS PARA SINERGIA

- Asociación
- Unidad
- Cooperación
- Correlación

SINERGIA: EN NUESTRA RELACIÓN CON EL SEÑOR

Hay una gran imagen de sinergia en el Nuevo Testamento: El cuerpo de Cristo. Pablo nos dice que los seguidores son ese cuerpo del Señor y declara que cada uno de ustedes es miembro de él. [1 Corintios. 12:27] Pablo también dice, que hay diferentes maneras de servir, para el mismo Señor. Hay diversas maneras de servir, pero un mismo Señor. Hay diversas funciones, pero es un mismo Dios el que hace todas las cosas en todos. [1 Corintios 12:5-6]

Pablo identifica al Señor mismo como la cabeza del cuerpo. [Colosenses 1:18] Luego Pablo dice que somos hechura de Dios, creados en Cristo Jesús para buenas obras, las cuales Dios dispuso de antemano a fin de que las pongamos en práctica. [Efesios 2:10]

Una parte fundamental del trabajo que estamos llamados a hacer es ser representantes del Señor: Así que somos embajadores de Cristo, como si Dios los exhortara a ustedes por medio de nosotros: «En nombre de Cristo les rogamos que se reconcilien con Dios. Nosotros, colaboradores de Dios, les rogamos que no reciban su gracia en vano». [2 Corintios 5:20, 6:1] Debemos ser compañeros de trabajo con él y con los demás, llegar a las personas que necesitan recibir su amor y escuchar las Buenas Nuevas.

SINERGIA: EN NUESTRA RELACIÓN CON LOS DEMÁS

La Sinergia permite a las personas no solo trabajar juntas, sino de hacer más cosas en cantidad y calidad de lo que podrían por separado. En algunos casos, la sinergia permite a las personas crear o conseguir cosas que les sería imposible hacer por separado.

La sinergia ayuda a llenar la necesidad humana de trabajar juntos para cumplir con los desafíos de la vida. Todos enfrentamos situaciones en la vida que son demasiadas grandes para nosotros, como para solucionarlas solos. La sinergia nos permite trabajar juntos efectivamente para alcanzar y lograr el bien de todos.

Cuando la sinergia prospera en el Cuerpo de Cristo, las personas son bendecidas. La sinergia del Espíritu trabajando conjuntamente con los miembros del Cuerpo de Cristo para la Gloria de Dios es algo increíble de contemplar.

Los síntomas y consecuencias ....
CÓMO SABER CUANDO LA SINERGIA ES DÉBIL O AUSENTE

Cuando la sinergia es débil o no existe las personas no están funcionando de manera eficiente y efectiva hacia los objetivos compartidos. Las personas pueden estar más enfocadas en lograr sus agendas personales que en alcanzar los objetivos del equipo. La energía y creatividad se desperdician en fricciones no productivas y los conflictos interpersonales. Las personas retienen sus respectivos talentos y habilidades que podrían beneficiarse del objetivo común. A menudo se duplican los esfuerzos, mientras que al mismo tiempo algunas tareas importantes se dejan sin terminar.

Un equipo deportivo sin sinergia no gana muchos juegos. Las respectivas fuerzas y debilidades de los diferentes jugadores, no se toman en cuenta. Las habilidades individuales de cada jugador no se usan para completar las habilidades de otros jugadores. Algunas posiciones pueden ser sobre cubiertas, mientras que otras posiciones están prácticamente vacantes. Los miembros del equipo no están todos en la misma página en el libro de jugadas.

Las posibles razones...
EL PORQUE LAS PERSONAS NO PRACTICAN LA SINERGIA

El orgullo y la independencia pueden evitar que la gente trabaje juntos en cooperativa. Las búsquedas egoístas pueden desplazar un compromiso para el éxito del grupo. El deseo de obtener el crédito o el control de la situación pueden superar el compromiso con el equipo y sus objetivos. El jugador de soccer que no pasa la pelota a otro jugador es un ejemplo de esto.

Algunas personas no utilizan este valor bien porque no lo entienden, o no desean comprometer con objetivos y métodos compartidos. La falta de un liderazgo efectivo contribuye a esto: los líderes deben asegurarse de que cada miembro entienda

Es evidente que muchos grandes y útiles objetivos pueden lograrse en este mundo mediante la cooperación.
– Thomas B. Macaulay

claramente los objetivos del grupo y se comprometa a trabajar en conjunto para llegar ellos.

La falta de sinergia puede ocurrir cuando en una relación o un miembro de un grupo no está personalmente comprometido con valores relacionados como el respeto o la confianza. De hecho, la ausencia de cualquiera de los principios de las 12 Semillas en una relación o grupo puede dificultar el crecimiento de la sinergia.

La buena cosecha que produce...

CUANDO LA SINERGIA CRECE

La sinergia proporciona energía motivadora y creativa. Las personas que han experimentado la sinergia saben que se hace más, cuando la sinergia está presente.

Sinergia es como un catalizador que ayuda a la gente a armonizar y a crecer juntos para producir los resultados deseados. Con la sinergia, una orquesta produce una hermosa música.

La sinergia, no solo mejora y coordina los esfuerzos individuales, pero permite a la gente participar para lograr mayores resultados. Así mismo que puedan celebrar los resultados juntos.

Entre los muchos beneficios cuando la sinergia crece:

- Los miembros del cuerpo de Cristo, trabajan juntos en armonía y el mundo se da cuenta.
- El trabajo en equipo mejora.
- Las personas contribuyen con sus respectivas fuerzas hacia objetivos comunes.
- Aumenta la productividad, reduce el estrés.
- Las experiencias compartidas se multiplican.
- Florecen las relaciones.
- Otras semillas pueden crecer.

Dos personas que trabajan como un equipo producirá más de tres trabajando como individuos.
– Charles P. McCormick

ORACIÓN

Algunas sugerencias...

«Amado Señor, gracias por crear la sinergia».

«Señor, gracias por el privilegio de poder trabajar juntos contigo y con otros para avanzar en la unidad de tu Reino».

PENSAMIENTOS Y ACTITUDES

Medite en escrituras como estas.

Proverbios 27:17

Eclesiastés 4:9-12

Amos 3:3

Mateo 19:6

I Corintios 12:4-31

Gálatas 6:2,10

Efesios 4:7

Filipenses 2:2

Afirme pensamientos como estos ...

- ¡Podemos hacer muchas cosas cuando trabajamos juntos!

- ¡Las cosas salen mejor cuando cooperamos!

- ¡Somos un gran equipo!

- ¡Cada persona en nuestro equipo tiene un gran potencial!

Nosotros estamos dados a la cooperación, como son los pies, las manos, los párpados y las mandíbulas superiores e inferiores.

– Marcus Aurelius

FRASES

Algunas sugerencias para decir o escribir a los demás.

- ¡Me alegro de que estemos trabajando juntos!
- ¡Trabajamos bien como un buen equipo!
- ¡Podemos lograrlo si trabajamos juntos!
- ¡Me alegro de que estés en este equipo!
- ¡Me ocuparé de esa parte del trabajo!

ACCIONES

Sugerencias ....

- Respete los puntos fuertes y débiles de los demás
- No permita que las agendas personales, interfieran con las metas del grupo
- Este dispuesto a ayudar a llenar los vacíos de lo que otros no pueden o no quieren hacer, o que son incapaces de hacer
- Coopere como un regalo a los demás
- Celebre el trabajar juntos

DISCUSIÓN

Para la reflexión personal o consideración en grupos

1.¿Qué significan las referencias en la sección de pensamientos y actitudes que hablan acerca de la sinergia?

2.¿Con quién debemos cooperar? ¿Por qué?

3.¿Cuál es un buen ejemplo de sinergia?

4.¿Cómo la sinergia construye el cuerpo de Cristo?

5.¿Cómo podría cooperar más con los demás?

6.¿Cómo voy a comprometerme para hacerlo?

Esperanza

EXPECTACIONES POSITIVAS

Que el Dios de la esperanza los llene de toda alegría y paz a ustedes que creen en él, para que rebosen de esperanza por el poder del Espíritu Santo..

Romanos 15:13

Esperanza es un deseo o anhelo acompañado por la expectativa confiada de su cumplimiento. Esperanza es esperar y anhelar algo. La palabra también se utiliza para referirse a alguien o algo.

OTRAS PALABRAS PARA ESPERANZA
- Anticipación
- Aspiración
- Deseo
- Expectativa

ESPERANZA: EN NUESTRA RELACIÓN CON DIOS

La Biblia identifica tres virtudes: la fe, la esperanza y el amor, [1 Corintios 13:13] y a pesar de que el amor es considerado el más grande de estos, cabe señalar que la esperanza no es solo uno de los tres, sino también se relaciona tanto con el amor [Romanos 5:5] como con la fe. [Hebreos. 11:1] Tenemos la esperanza de que el Señor nos da la confianza y la fuerza. [2 Corintios 3:12]

Y esta confianza nos ayuda a seguir las instrucciones del apóstol Pedro para: «Más bien, honren en su corazón a Cristo como Señor. Estén siempre preparados para responder a todo el que les pida razón de la esperanza que hay en ustedes.. Pero hacerlo con gentileza y respeto».[1 Pedro 3:15]

La esperanza tiene importancia en nuestra relación con el Señor, la entendemos cuando vemos que el resultado final es favorable, a pesar de las muchas dificultades que enfrentamos en la vida.

Pablo explica: «Y no solo esto, sino que también nos gloriamos en las tribulaciones, sabiendo que la tribulación produce paciencia; y la paciencia, prueba; y la prueba, esperanza; y la esperanza no avergüenza; porque el amor de Dios ha sido derramado en nuestros corazones por el Espíritu Santo que nos es dado».[Romanos. 5:3-5]

ESPERANZA: EN NUESTRA RELACIÓN CON LOS DEMÁS

Esperamos seguir en el camino, aunque el camino sea difícil la esperanza nos enfoca hacia un mejor futuro, aun cuando el presente no es como nos gustaría que fuera. La   esperanza nos permite vivir con la expectativa de que las cosas van a mejorar.

La Esperanza ayuda a llenar la necesidad de motivación para seguir adelante. La esperanza aligera nuestras cargas actuales con las expectativas positivas de que las cosas serán mejor en el futuro.

Los síntomas y consecuencias ....
CÓMO SABER CUANDO LA ESPERANZA ES DÉBIL O AUSENTE

La desesperanza, es la condición de estar sin esperanza, una situación terrible. Las personas que están deprimidas, a menudo se enfocan no solo en las cosas negativas. Les resulta difícil o imposible de tomar medidas hacia metas o incluso fijar objetivos. La motivación y la energía están bajos. El entusiasmo está ausente. La gente puede sentir que hagan lo que hagan de todos modos

Siempre podrás hacer frente con la Esperanza.
– P.K. Thomajan

no hará ninguna diferencia. No ven ninguna salida. Las relaciones son indiferentes o inexistentes. Las personas se sienten tentadas a renunciar. Muchos lo hacen.

Las posibles razones...

EL PORQUE LAS PERSONAS NO TIENEN ESPERANZA

La razón principal del porque la gente no tiene esperanza y mucho menos compartirla con los demás, es que no descansan en una fuerte y segura confianza en el Señor. Fallan en respetar la poderosa capacidad del Señor para cuidarlos en el futuro, y fallan en confiar en que realmente lo hará. Se olvidan de las promesas y bendiciones del Señor.

Los jóvenes muchas veces no viven con esperanza porque les falta la experiencia de la vida, aquellas que nos enseñan que aunque podamos estar en el valle el día de hoy, después podríamos estar caminando en un terreno muy difícil.

Otras personas están agotadas por los juicios y los desafíos por los que han pasado y no pueden ver la forma en que el futuro será diferente. Se puede descuidar el descanso y la relajación. Es posible que no reciban la "re-creación" que necesitan.

Y por supuesto, hay personas que piden prestados problemas del futuro –llamadas preocupaciones– y se sienten abrumadas por los obstáculos y problemas que parecen mucho más grandes que cualquier fuerza o recurso de los que tienen hoy. Algunas de estas personas piensan solo en sus propias fuerzas y recursos, no son capaces de ver los grandes recursos del Señor. Se olvidan que solo Él puede entregar recursos disponibles ahora o en el futuro –a menudo a través de otras personas.

Hay personas que no tienen ningún propósito o metas definidas en la vida. Sienten que no han hecho ningún progreso en la vida, pierden el efecto de la esperanza, el de ver un progreso hacia metas dignas.

Hay otros que crecieron en entornos de desesperanza y pe-

> **Cualquier cosa que aumente la esperanza, también exaltará el valor.**
>
> –Samuel Johnson

simismo, en donde la tendencia de vivir malas noticias, algunas malas noticias y también posibles malas noticias. Incluso una buena noticia pudo haber sido atenuada con una inclinación negativa. Algunas personas aún viven en esos entornos.

Las personas que pierden la esperanza olvidan que tienen una opción: pueden centrar el problema(s) en el Señor. Pueden elegir centrarse en lo negativo o pueden elegir lo positivo.

La buena cosecha que produce...

CUANDO LA ESPERANZA CRECE

Cuando la esperanza crece todo se ve mejor y se siente mejor. Las personas están motivadas, inspiradas y dispuestas a trabajar a través de las dificultades que presentan con las expectativas de que el futuro traerá una mejor situación o un mayor logro. Algunos de los beneficios cuando la esperanza crece:

- El Señor es honrado cuando su pueblo espera en Él.
- La gente fuera del cuerpo de Cristo se da cuenta
- La energía y el entusiasmo se revitalizan
- La esperanza es contagiosa y afecta a los demás de manera positiva
- La gente mantiene una visión de mejores cosas, a pesar de que el presente pueda ser difícil
- La gente se concentra en las cosas más importantes en la vida
- Las relaciones crecen

Ah, ¡Esperanza! ¿Qué sería de la vida, despojada de tu sonrisa de aliento, que nos enseñan a mirar detrás de las oscuras nubes de hoy, los rayos dorados del mañana?

– Susanna Moodie

Algunas sugerencias...

«Amado Señor, gracias por la esperanza que tengo en ti».

«Amado Señor, por favor ayúdame a irradiar esperanza, hacia los demás».

«Adorado Señor, por favor ayúdame a iluminar cada habitación en la que entre».

PENSAMIENTOS Y ACTITUDES

Medite en escrituras como estas.

Isaías 40:31

Isaías 49:23

Jeremías 29:11

Lamentaciones 3:24-26

Romanos 12:12

Romanos 15:4,13

Hebreos 6:11, 18-19a

Afirme pensamientos como estos ...
- ¡Con la ayuda del Señor, sé que podremos lograrlo!
- ¡Podremos salir adelante!
- ¡Va a ser maravilloso!

Otras sugerencias...
- Enfóquese en el Señor, en lugar del problema.
- Medite en las promesas del Señor.
- Recuerde lo que el Señor le ha traído a través de muchos retos en el pasado.

La espera madura la esperanza, no la demora.
– Edward Benlowes

FRASES

Algunas sugerencias para decir o escribir a los demás.

- ¡Estamos progresando!
- ¡Vale la pena!
- ¡Mejores cosas están llegando!

Otras sugerencias...
- Evite la difusión de chismes o rumores.
- Evite los comentarios negativos.

ACCIONES

Sugerencias ....

- Comparta la esperanza con los demás: dela como regalo.
- Descanse lo necesario.
- Sonría
- Cante

DISCUSIÓN

Para la reflexión personal o consideración en grupos

1. ¿Qué significan las referencias de la escritura en la sección de pensamientos y actitudes que hablan acerca de la esperanza?

2. ¿Dónde está la fuente de nuestra esperanza?

3. ¿Cuál es un buen ejemplo de esperanza?

4. ¿Como irradiar esperanza? Explique.

5. ¿Conozco a alguien que carece de esperanza? De ser así, ¿Qué puedo hacer para ayudar a esa persona a tener esperanza?

6. ¿Qué puedo hacer para ayudar a dar más esperanza a los demás?

7. ¿En qué me puedo comprometer?

Ideales

VALORES Y MODELOS DE EXCELENCIA

Por último, hermanos, consideren bien todo lo verdadero, todo lo respetable, todo lo justo, todo lo puro, todo lo amable, todo lo digno de admiración, en fin, todo lo que sea excelente o merezca elogio.
– Filipenses 4:8

Los ideales son altos estándares y ejemplos que vale la pena imitar y repetir en una vida de excelencia. Los ideales son principios que guían hacia una vida de calidad, son valiosos patrones por los cuales podemos orientar nuestra vida.

Los ideales están en muchas formas como un hermoso paisaje que nos inspira. Las metas que nos dirigen son ejemplos que nos motivan, son principios dignos que ayudan a orientar nuestras vidas. Cada una de las 12 semillas por ejemplo, son ideales prácticos para vivir. Nuestro ideal más alto, por supuesto, es nuestro propio Señor.

OTRAS PALABRAS PARA IDEALES
- Ejemplos
- Modelos
- Principios
- Estándares
- Virtudes
- Normas

IDEALES: EN NUESTRA RELACIÓN CON EL SEÑOR

Estar en relación con el Señor es conocer al que es el epítome de la excelencia y altos ideales. Sus normas y sus caminos son perfectos, su justicia es completa. A medida que crecemos cerca de Él, nuestros pensamientos, palabras y acciones, con su ayuda y con su poder, serán como las de Él.

El Señor, ha enviado a su Espíritu para morar dentro de nosotros y nos recuerda de su verdad. [Juan 14:26] Él nos ayuda a pensar en cosas excelentes y hacer excelente trabajo, [Tito 3:8] y produce fruto excelente en nuestras vidas: "amor, alegría, paz, paciencia, bondad, fe, mansedumbre y dominio propio". [Gálatas 5:22-23] Cada parte de ese fruto es un ideal que bendice a la gente y mejora las relaciones.

Aunque vivimos en un mundo donde muchas cosas no son las ideales, algún día, nos llevará al lugar ideal que él ha preparado para nosotros. Por ahora, nosotros podemos detenernos en la belleza y la alegría de conocerle y seguirle en nuestras vidas. [Gálatas 9:10]

IDEALES: EN NUESTRA RELACIÓN CON LOS DEMÁS

Nuestro Señor, nos creó para vivir y trabajar con él y con otros en el hermoso Jardín del Edén. Algún día nos llevará a un lugar aún más perfecto, como se ha mencionado anteriormente. Cuando los ideales son parte de nuestras relaciones podemos recordarnos unos a otros acerca de estas verdades. Y de esta manera ayudamos a satisfacer nuestra necesidad de concentrarnos en cosas superiores a nosotros mismos.

Nuestro Señor nos ha creado para disfrutar viviendo y trabajando en armonía con Él y con los demás. En la manera que nos relacionemos con Él y unos con los otros, podemos orar para que sus ideales se impregnen en nuestras oraciones, pensamientos, palabras, acciones y discusiones. Podremos compartir un "poco del cielo" uno con el otro. Podremos hablar y cantar de su amor, su creación, su belleza y su gracia y celebrar los cambios que vemos en la vida. Conseguiremos celebrar la alta calidad de vida que obtenemos cuando vivimos y trabajamos en comunión.

Los síntomas y consecuencias ....
CÓMO SABER SI LOS IDEALES SON DÉBILES O AUSENTES

Sin ideales, la vida puede ser como viajar a través de bellos lugares ignorando ver el paisaje porque estamos preocupados por la suciedad en la ventanilla del coche.

Cuando los ideales están perdidos en una relación, sus pensamientos están a menudo mal enfocados e inservibles. La comunicación está normalmente centrada en temas triviales y manchada de palabras groseras. El instinto animal da mucha actividad. Las normas de conducta son empujadas cada vez más bajas. El respeto a la verdad y al carácter está ausente. La inspiración para buscar cosas superiores es inexistente. La vida diaria puede variar de un mate vacío a una búsqueda agresiva del mal.

Las relaciones son molestas sin ideales, sin vida, aburridas, poco gratificantes, equivocadas, fastidiosas etc.

Las posibles razones...
EL PORQUE LAS PERSONAS NO TIENEN IDEALES

Apartar la mirada del Señor es tal vez la principal razón por la cual la gente no puede mantener altos ideales. Cuando Pedro dejó de tener su mirada en el Señor y las puso en las olas del mar, comenzó a hundirse. [Mateo 14:28] A nosotros, esto nos sucede cada vez que fallamos en enfocarnos en el Señor.

Algunas personas nunca supieron de ideales. Pueden haber crecido en ambientes donde los ideales fueron ignorados y donde toda la atención se ha dado a la base de las cosas, donde lo profano ha recibido toda la atención y lo noble fue ridiculizado. Algunas personas aún viven o trabajan en este tipo de entornos, rara vez teniendo una buena persona como ejemplo para la práctica de buenos ideales.

Otras personas fallan en mantener altos ideales, como un objetivo o estándar de rendimiento, porque en su momento lo intentaron y no lo lograron. Tal vez se desanimaron y se aislaron. No obstante, hay otras personas que simplemente no les interesa y no desean vivir en disciplina o de buscar ideales.

Puede ser fácil dejar de defender ideales en la sociedad actual, donde con frecuencia se le llama bueno a lo malo y a lo malo es a menudo llamado bueno. Sin el enfoque a nuestro Señor, es fácil de perder los valores y modelos que Él desea que vivamos.

La buena cosecha que produce...

CUANDO LOS IDEALES CRECEN

Los ideales nos levantan los ánimos, que nos llaman a cosas mayores. Nos dan mayor sentido y propósito a nuestras vidas. Los ideales nos dan dirección, nos dan altas metas para enfocarnos. Los ideales nos inspiran, es la belleza de nuestras vidas. Nos recuerdan la excelencia de nuestro Señor y de su obra.

A medida que nos centramos en ideales, elevamos nuestras vidas y nuestras relaciones desde lo profano a lo profundo. Cuando los ideales son mantenidos arriba, cosechamos muchas bendiciones:

- Nos centramos más en el Señor y sus caminos
- Las personas se inspiran hacia tareas nobles
- Altos estándares de conducta se mantienen
- Las personas se centran más en las cosas importantes de la vida
- Los pensamientos no son cautivados por cosas triviales de la vida
- La inspiración y la creatividad aumenta
- La calidad de vida mejora

Aquel que, habiendo perdido un solo ideal, se niega a dar su corazón y su alma a otro ideal más noble, es como un hombre que niega a construir una casa sobre la roca porque el viento y la lluvia han arruinado su casa sobre la arena.

– Constance Naden

ORACIÓN

Algunas sugerencias....

«Amado Señor, gracias por revelarnos algo de tu excelencia y majestad».

«Querido Señor, ayúdame a centrarme en ti y en los altos valores para vivir».

«Adorado Señor, ayúdame a añadir tus altos valores y modelos de excelencia para mis relaciones».

PENSAMIENTOS Y ACTITUDES

Medite en escrituras como estas.

Salmo 8

Salmo19

Salmo 34:1

Filipenses 3:17

Filipenses 4:8-9

Colosenses 3:12-17

1 Pedro 1:7

Afirme pensamientos como estos ..…

• ¡Los cielos cuentan la gloria de Dios!
• ¡Hay tanta belleza en el mundo!
• ¡Las personas son increíblemente complejas y maravillosas.
• ¡Yo me esforzaré para lograr la excelencia!

Otras sugerencias...

• Medite en las Escrituras, como los Salmos.
• Memorice las Escrituras.
• Sustituya pensamientos profanos y negativos con profundos pensamientos positivos.
• Habite en el Señor y sus caminos.

FRASES

Algunas sugerencias para decir o escribir a los demás.

- Observe lo que este pasaje de la Escritura dice: (comparta un Salmo u otro pasaje de la Biblia).
- ¡Admiro tus altos valores!
- ¡Tienes un refinado sentido de la belleza!
- ¡Me inspiro por tu alto nivel!
- ¿Cuál es la mejor manera de hacer esto?
- ¿Qué haría Jesús en esta situación?

ACCIONES

Sugerencias ....

- Adore al Señor durante todo el día.
- Evite palabras groseras.
- Ten cuidado sobre las opciones de medios de comunicación.
- Admira los cielos estrellados en la noche.
- Aprecia las grandes obras de arte, escucha música inspiradora.
- Comparte ideas inspiradoras, sueños o metas.
- Desarrolla y sigue una visión o declaración de una misión.

DISCUSIÓN

Para la reflexión personal o consideración en grupos . .

1. ¿Qué dicen las referencias bíblicas en la sección de pensamientos y actitudes acerca de ideales?

2. ¿Cuál ideal sería como ejemplo para defender?

3. ¿Qué podría hacer para inspirar a otros para alcanzar altos ideales?

4. ¿Qué se va a proponer hacer?

Vivir en la presencia de grandes y eternas verdades, que serán dirigidas por ideales permanentes - es lo que mantiene a una persona paciente cuando el mundo lo ignora, y lo calma una naturaleza humilde cuando el mundo lo alaba.
– Honore de Balzac

Perdón

COMPASIÓN Y LIBERACIÓN

De modo que se toleren unos a otros y se perdonen si alguno tiene queja contra otro. Así como el Señor los perdonó, perdonen también ustedes.

– Colosenses 3:13

Perdón es la indulgencia de una ofensa o la cancelación de una pena. Implica perdonar a alguien por lo que le hicieron o por lo que no hicieron. El perdón provee al ofensor con la liberación de la pena; provee liberación de la amargura a la persona quien concede el perdón. En efecto, perdón es "déjalo ir".

OTRAS PALABRAS PARA PERDÓN

- Absolución
- Amnistía
- Compasión
- Liberación

PERDÓN : EN NUESTRA RELACIÓN CON DIOS

Cuando pensamos cómo el perdón se implica en nuestra relación con el Señor, inmensa gratitud debe llenar nuestros corazones. De hecho, la gratitud por su perdón debería ser una de las formas primarias por la que practiquemos la semilla del apreciar. En el momento en comenzamos a realizar cuán Santo y justo es el Señor, y que impuros e injustos somos apartes de Él, comenzaremos a apreciar qué valioso es su perdón para nosotros.

Si no fuera por el perdón, criaturas impuras y rebeldes como nosotros no podrían tener ninguna relación con un Dios Santo y perfecto. La Biblia lo hace muy claro que todos hemos pecado contra Dios.[Romanos 3:23] Pero la buenas noticias del evangelio, es que cuando nos dirigimos al Señor, "Él nos perdonará libremente." [Isaías 55:7] ¡El perdón hace posible para nosotros tener una relación continua y creciente con El!

El perdón en nuestra relación con el Señor es en un sentido, un solo camino entre el Señor y nosotros. Él nos perdona, pero puesto que Él es perfecto, no hay nada que le podamos perdonar. Sin embargo podemos responder con gracias y obediencia. Nosotros le obedecemos cuando perdonamos a otros, como veremos en la siguiente sección.

PERDÓN: EN NUESTRA RELACIÓN CON LOS DEMÁS

Jesús enseñó que nosotros ya hemos sido perdonados, y debemos perdonar a los demás. Él dijo, « Porque si perdonan a otros sus ofensas, también los perdonará a ustedes su Padre celestial. Pero si no perdonan a otros sus ofensas, tampoco su Padre les perdonará a ustedes las suyas». [Mateo 6:14-15]

En la parábola sobre el "siervo despiadado" Jesús enseña de un siervo que le fue perdonada una deuda enorme por su rey. Sin embargo, este siervo era despiadado y no perdonó una deuda mucha menor que le debía su siervo. El señor estaba enojado con el siervo y le castigó severamente. [Mateo 18:23-25]

Perdonar a los demás es un acto de obediencia y también una expresión de gratitud al Señor por el perdón que Él nos ha concedido. También puede ser una manera en la que podemos obtener la atención de las personas, para que así puedan escuchar la buena noticia de la voluntad del Señor de perdonarlos.

Bueno es olvidar, pero es mejor perdonar!

– Robert Browning

Los síntomas y consecuencias ...
CÓMO SABER CUANDO EL PERDÓN ES DÉBIL O AUSENTE

Cuando no hay perdón, la gente guarda rencor que crece demasiado y se sale de proporción hacia una ofensa. El deseo de venganza puede ser intenso. Las relaciones pueden ser envenenadas. La energía mental se puede gastar tratando de entender por qué alguien dijo o hizo algo. No conceden a la persona que les ofendió la libertad de continuar y crecer; la persona que retiene el perdón es esclava del resentimiento y amargura. Es una manera muy infeliz de vivir. Y negativamente afecta no sólo a las personas involucradas, sino también a la gente a su alrededor.

Las posibles razones...
EL PORQUE LAS PERSONAS NO PERDONAN

Es posible que las personas no perdonan porque nunca han experimentado o presenciado perdón en sus propias vidas. Algunas crecieron en familias donde rencores se llevaron a cabo durante años.

Otras todavía viven o trabajan en tales ambientes. Algunas personas creen que si perdonan sólo animarán al perdonado a cometer la ofensa de nuevo. Prefieren aferrarse a la amargura y mantener a la otra persona atrapada con persistente culpa.

Otras personas quieren enfatizar – a otros y a sí mismos – cómo enormemente fueron heridos. Piensan que no perdonar es una manera de castigar al agresor. No se dan cuenta de que al no perdonar puede lastimarle más que a la otra persona. Como alguien dijo una vez, «No perdonar, es como beber un vaso de veneno y esperar que tus enemigos mueran».

Quizás la razón principal que las personas no pueden perdonar a otros es que no han podido pedir y recibir el perdón del Señor en sus propias vidas, o habiendo recibido este gran perdón, no hacen caso a obedecer el mandato del Señor de perdonar a los demás.

La buena cosecha que produce...

CUANDO EL PERDÓN CRECE

El perdón ayuda mucho en las relaciones interpersonales. Libera a la gente para seguir adelante, hay que reconocer que todos hacemos cosas que dañan a otras personas, a veces enormemente. Y todavía podemos perdonar y seguir adelante.

El perdón nos libera de amargura y resentimiento. Se elimina la unidad de venganza y la necesidad de comprender completamente el por qué se cometió un delito.

El perdón ayuda a llenar la necesidad humana a ser perdonadas para que puedan ser libres para seguir adelante y crecer juntos. Deseamos relaciones que sean bastante fuertes para soportar errores y transgresiones.

Cuando hay perdón, significa que el compromiso con otros supera cualquier irritación y ofensas.

Un resumen de algunos de los beneficios cuando el perdón está presente:

- Las relaciones se siguen desarrollando
- Las personas reciben la bendición del perdón
- La reconciliación, si es necesaria, es posible
- Las personas alrededor de las involucradas también se benefician
- El estrés disminuye
- Los otros ven cómo el perdón trabaja y pueden comenzar a practicarlo en sus relaciones
- Las personas se concentran menos en las irritaciones menores de la vida
- Las personas invierten más tiempo y energía en las cosas más importantes en la vida
- Algunas personas, que tal vez nunca han solicitado el perdón del Señor, podrán buscarlo

Errar es humano, perdonar es divino.
– Alexander Pope

ORACIÓN

Algunas sugerencias...

«Amado Señor, gracias por el perdón que dichosamente y amablemente me has dado».

«Querido Señor, por favor, ayúdame a decirles a otros la buena noticia de tu perdón».

«Adorado Señor, por favor, ayúdame amablemente a perdonar aquellos que cometen delitos contra mí».

PENSAMIENTOS Y ACTITUDES

Medite en escrituras como estas.

Éxodo 34:9

Nehemías 9:17

Salmo 51:1-3

Mateo 6:12-15

Mateo18:21-22

Colosenses 3:13

Afirme pensamientos como estos ...
- ¡El Señor me ha perdonado!
- Me doy cuenta de que otros me han perdonado.
- Con la ayuda del Señor, puedo perdonar a _____.
- El perdón renueva las relaciones.
- El perdonar nos libera para avanzar.

El hombre sabio es el que sé apresura a perdonar, porque él conoce el verdadero valor del tiempo, y no desea pasar por dolor innecesario.

– Samuel Johnson

FRASES

Algunas sugerencias para decir o escribir a los demás.

- ¡Perdóname!
- ¡Siento lo que hice!
- ¡Te ruego que me perdones!
- Te perdono. ¡Vamos a seguir adelante juntos!

ACCIONES

Sugerencias ....

- Ore las palabras de la oración de Jesús: "Perdónanos nuestras deudas, como también nosotros perdonamos a nuestros deudores."
- De gracias al Señor por el perdón que nos ha proporcionado.
- Deje ir los rencores.
- Escriba una carta pidiendo perdón.
- Escriba una carta ofreciendo perdón.

DISCUSIÓN

Para la reflexión personal o consideración en grupos

1. ¿Qué dicen las referencias bíblicas de los pensamientos y las actitudes de la sección sobre el perdón?

2. ¿Cuál sería un buen ejemplo de perdón?

3. ¿Cómo el perdón construye el cuerpo de Cristo?

4. ¿Cómo podría ser más tolerante hacia los demás?

No hay nada más ventajoso que un hombre con una disposición para perdonar.

– Terence

El perdón es la fragancia de una violeta que ha impregnado el talón que la pisó

– Samuel Clemens

" . . . pero parte cayó en buena tierra, y dio fruto, cuál a ciento, cuál a sesenta, y cuál a treinta por uno."

De la parábola del sembrador, Mateo 13:8

PARTE II
¡SIEMBRA Y COSECHA!

Haciendo crecer relaciones exitosas

Lo que cada uno debe saber acerca de las semillas

Una semilla es "la fuente, origen o principio de todo." Por lo tanto, a veces decimos cosas como las "semillas de la nueva era," las "semillas del invento," las "semillas del restablecimiento." En plantas, la semilla es la parte de la planta que contiene el embrión, el cual es una etapa temprana o sin desarrollo de la planta.

¡SEMILLAS SON INFLUENCIAS!

Las semillas también son influencias. Cada una de las 12 Semillas es una influencia que ayuda a crecer las relaciones. Cada semilla es una influencia positiva para individuos y para el medio ambiente cultural. El impacto potencial es grande. La palabra influencia puede ser definida como "influjo" a la mente. Cuando "hablas palabras de respeto, animo, gratitud y esperanza a otros, puede ser que las personas *escuchen* cosas positivas que casi nunca escuchan. Y cuando tus *acciones* incluyen cosas como *escuchar, cuidado* e *integridad*,

> «La palabra influencia se puede definir como influjo a la mente»

puede ser que las personas conozcan cosas positivas que casi nunca ven. Eso los impactaría, y es más probable que ellos a su vez trataran a otros en una manera mejor. La influencia puede multiplicar.

Necesitamos más "influencias" que sean positivas. Cuando piensas en los principios de las 12 Semillas, y como aplicarlas en tu vida, estás cultivando influencias positivas en la mente. Además, cuando practicas los principios en tus relaciones, tus palabras y acciones son como semillas sembradas en las vidas de otras personas.

Mientras siembras y cultivas ten en cuenta que:

Las semillas son...

- Pequeñas pero poderosas.
- Fuertes y duraderas.
- Valoradas.
- Humildes - la gente les avientan tierra - sin embargo, las semillas crecen en la tierra.
- El producto del crecimiento es exitoso.
- A veces llevadas por el viento o criaturas.
- Mencionadas con frecuencia en la biblia.
- Mencionadas en varias parábolas de Jesús.
- Mencionadas en el principio de la biblia.
- Mencionadas hacia el final de la biblia.

También las semillas:

- Viajan extensamente.
- Toman tiempo para brotar y crecer.
- Tienen gran potencial, a veces produciendo una cosecha 30, 60 o hasta 100 veces el doble.

MALAS SEMILLAS VS. BUENAS SEMILLAS

Los valores negativos como la falta de respeto e ingratitud son semillas malas que producen mala hierba que ahoga y destruye. Cuando tal mala hierba invade los pensamientos, produce palabras y acciones negativas que estorban o bloquean el crecimiento de las buenas relaciones.

Los valores positivos como el respeto y gratitud, por otra parte, son semillas de alta calidad y de gran potencial. Cuando son sembradas y cultivadas en la mente, producen palabras y acciones positivas que mejoran las relaciones y la calidad total de una vida.

La tabla que se encuentra en la siguiente página muestra las buenas y las malas semillas resumidas en los capítulos de semillas de la parte 1. La tabla te ayudará a determinar si alguna mala semilla está presente en tus relaciones o en el medio ambiente. Mira al lado derecho de la tabla para comparar las semillas buenas que son necesarias en tu vida.

LA LEY DE SEMBRAR Y COSECHAR, CON CONSECUENCIAS

Hay un principio relacionado con las semillas conocidas como la Ley de Siembra y Cosecha. Es: "Cosechas lo que siembras". Está basado en el consejo de Pablo a la gente de Galacia: «No sean engañados. Nadie se puede burlar de Dios. El hombre cosecha lo que siembra».Gálatas 6:7

> LA LEY DE SIEMBRA Y COSECHA
> «Se cosecha lo que se siembra».

La ley tiene consecuencias:

1. Cosechas más de lo que siembras.

2. Cosechas más tarde lo que siembras.

3. Cosechas del mismo tipo de lo que siembras.

Dos más hechos buenos para recordar:

1. La ley se aplica a las semillas buenas y malas.

2. Jehová ha prometido proveer y bendecir a los que cosechan buenas semillas. Considere este versos:

Recuerden esto: El que siembra escasamente, escasamente cosechará, y el que siembra en abundancia, en abundancia cosechará..... El que le suple semilla al que siembra también le suplirá pan para que coma, aumentará los cultivos y hará que ustedes produzcan una abundante cosecha de justicia.

– 2 Corintios 9:6-10

INFLUENCIAS QUE AFECTAN LAS RELACIONES

MALA SEMILLA vs. BUENA SEMILLA
Negativa, Destructiva   POSITIVA, CONSTRUCTIVA

falta de respeto	**RESPETO**
rudeza	TOLERANCIA, ESTIMA, HONOR
desaliento	**ANIMAR**
negatividad	INSPIRAR CON CORAJE
falta de atención	**ESCUCHAR**
insensibilidad	PONER ATENCIÓN, CONCERNIR
ingratitud	**APRECIAR**
no valorar	GRATITUD, RECONOCER EL VALOR
desconfianza	**CONFÍAR**
recelo	CONFIANZA, FE, CREER
deshonestidad	**INTEGRIDAD**
infidelidad	FUERZA MORAL, INTEGRIDAD
desorden	**ORDEN**
confusión	ESTRUCTURA, PRIORIDADES,
egocentrismo	**CUIDADO**
despreocupado	ALIMENTAR, AMANDO, APOYO
falta de cooperación	**SINERGIA**
discordia	COOPERACIÓN, TRABAJO EN EQUIPO
desesperación	**ESPERANZA**
pesimismo	EXPECTATIVAS POSITIVAS
blasfemia	**IDEALES**
Iniquidad	VALORES Y MODELOS DE EXCELENCIA
falta de perdón	**PERDÓN**
resentimiento	COMPASIÓN, LIBERACIÓN

————————— LA COSECHA —————————

Campo de espinas vs. HERMOSO JARDÍN

www.12semillas.org

LAS BUENAS SEMILLAS AYUDAN A LLENAR NECESIDADES

Cada capítulo de cada semilla se refiere a una necesidad que la semilla puede ayudar a llenar. Cuando siembras y cultivas una semilla, estás dando un regalo que puede llenar una necesidad humana. Es parte de la cosecha resultado del crecimiento de las semillas. Las necesidades que las semillas ayudan a llenar están resumidas en la página 113 del capítulo del nombre: "Anticipando la Cosecha".

SEGUIR SEMBRANDO Y CULTIVANDO

Es importante seguir sembrando y cultivando influencias positivas. Aquí están algunas razones:

1. Influencias negativas abundan. Por lo tanto, necesitamos hacer una abundancia de influencias positivas.

2. La repetición refuerza la importancia.

3. La repetición nos ayuda aprender.

4. Olvidamos. Aun después de haber aprendido, necesitamos recordatorios. Recuerda la declaración del Samuel Johnson, a través de C.S. Lewis:

"Las personas necesitan ser recordadas más de lo que necesitan ser instruidas."

5. La repetición ayuda a hacer los principios parte de nuestro pensamiento, para que los principios sean parte de nuestras vidas.

¡SÉ UNA INFLUENCIA POSITIVA !

¡Siembra y cultiva las semillas!

UNA MANERA DE SER UNA INFLUENCIA POSITIVA:

Después de que haya leído este libro por primera vez,

invite a un ser querido - o grupo - a que lo lean juntos.

¡Hablen y crezcan juntos!

TE BENEFICIARÁS AÚN MÁS + ELLOS SE BENEFICIARÁN + TAMBIÉN SUS RELACIONES

Cinco hábitos para
el éxito

Hay cinco tipos de actividades que se pueden considerar dentro de los grupos de hábito que ayudan a construir relaciones exitosas. Oración, pensamientos y actitudes, palabras acciones y discusiones. La sección de aplicaciones prácticas de cada capítulo de semillas, en la parte I de este libro presenta ejemplos de cada hábito.

Un hábito se define como "un recurrente, a menudo inconsciente modelo de comportamiento que se adquiere a través de repetición frecuente." Es una manera habitual o forma de hacer las cosas. Un hábito es parte de nuestra práctica la forma en que llevamos a cabo nuestras vidas. Nuestros principios también son parte de nuestra práctica. Un principio es una regla o estándar de buena conducta. Principios deberían dirigir hábitos. Las 12 Semillas son doce principios que se pueden utilizar con los cinco tipos de hábitos mencionados aquí:

1. ORACIÓN

Oración es comunión y comunicación con el Señor. Se puede definir "comunión" como compañerismo o compartimiento. La palabra está basada en 'communio', que significa "participación mutua" y "communis" que significa "común" en Latín. "Comunicación" está basada en las mismas palabras latinas y se refiere a la transmisión de pensamientos, mensajes o información.

> "Principios deberán guiar hábitos."

Algunas personas utilizan el acróstico "ACAS" como estructura para sus oraciones. "ACAS" significa: Adoración, Confesión, Agradecimiento, y Suplicación (Petición).

Si aplicamos el acróstico "ACAS", a las relaciones entonces podemos incluirlas en nuestras oraciones:(A) Adoración, Alabar al Señor por su grandeza (C) Confesión: admitir que no siempre nos relacionamos con Él y con otros en maneras amorosas(A) Agradecimiento: Darle gracias al Señor por nuestra relación con Él, y con otros y (S) Suplicación: pedir que Él nos ayude a crecer en nuestras relaciones.

Alguien dijo una vez que debemos "hablar con Dios acerca de la gente antes de hablar con gente acerca de Dios." Esto es el consejo bueno para seguir cuando estamos tratando de ayudar a alguien a crecer en su relación con el Señor, o en sus relaciones con otros.

Es muy probable que al estudiar las semillas será capaz de discernir cuando las personas no están practicando muy bien todos los doce principios (incluyéndole a usted). Nuestra naturaleza humana tiende a criticar a las personas en vez de orar por ellas. Oswald Chambers se refiere a esto a la importancia de oración intercesora cuando dice, "Discernimiento es el llamado de Dios a la intercesión, nunca a la detección de sus faltas". Al estudiar las 12 Semillas se aprenderá mejor a identificar cuando una semilla está débil o ausente, utilizando el discernimiento como una llamada a la oración en vez de la crítica.

> "Discernimiento es el llamado de Dios a la intercesión, nunca a la detección de faltas..."
> – Oswald Chambers

2. PENSAMIENTOS Y ACTITUDES

La Biblia tiene mucho que decir acerca de pensamientos y actitudes, y nos da la descripción del hombre: «Que son como un pelo en la garganta. Come y bebe, te dirá, pero no te lo dirá de corazón». Proverbios 23:7 Recuerda que la Biblia utiliza las palabras "corazón" y "pensamiento" para referirse a lo que está dentro de la persona, la esencia de la persona. En este libro utilizamos las palabras *pensamientos y actitudes* para referirse a las actividades de nuestras mentes incluyendo nuestra posesión de creencias y valores, también nuestras intenciones y percepciones. Esas son cosas que están dentro de nosotros.

En términos simples, el pensamiento, es acerca de lo que pensamos, y actitudes es como nos sentimos sobre lo que pensamos. Nuestras actitudes son las percepciones y sentimientos que tenemos sobre las cosas, es decir, las "preferencias a las cosas" que tenemos.

Utilizamos la palabra "meditación" para referirse a la práctica intencional de enfocarse en un tema como un pasaje de la Escritura. Este foco también puede ser llamado como "preparación" de la mente.

> "Lo que sucede en nuestras mentes, precede lo que sucede en nuestras palabras y en nuestras acciones"

En cada "capítulo de Semilla" hay pasajes de la Escritura y también otras sugerencias para ayudarle a preparar su mente acerca de la semilla que está estudiando.

Lo que buscamos es que haya más pensamientos buenos y más actitudes buenas. Lo que sucede en nuestras mentes precede de lo que sucede en nuestras palabras y en nuestras acciones. Por eso es sabio preparar la mente a menudo con principios positivos como el de las 12 Semillas, para dirigir palabras y acciones para que le ayuden a producir una cosecha de resultados deseables.

3.PALABRAS

Nuestras palabras revelan lo que está dentro de nosotros, en nuestros pensamientos y actitudes. Si amor hay dentro de nosotros, hablaremos palabras amorosas a los demás. Si el respeto es un valor que tenemos, hablaremos con respeto a los demás. Nuestras palabras son expresiones de los principios que dirigen nuestras vidas.

> **Y no vivan ya como vive todo el mundo. Al contrario, cambien de manera de ser y de pensar. Así podrán saber qué es lo que Dios quiere, es decir, todo lo que es bueno, agradable y perfecto.**
> – Romanos 12:2

Por supuesto palabras son un elemento importante de comunicación. Comunicación es absolutamente esencial en cualquier relación, y se puede definir como: transmisión de pensamientos, mensajes o información por voz, señales, por escrito o comportamiento.

> "Nuestras palabras son expresiones de los principios que guían nuestras vidas".

Recuerde que la palabra "comunicación" se basa en la palabra latina para "communis" o en común, podríamos decir que la comunicación es el proceso por el que llegamos a un entendimiento común de los pensamientos, mensajes y la información.

Las palabras son poderosas. Hay un viejo dicho que dice: "Palos y piedras pueden romper mis huesos, pero las palabras nunca me harán daño." ¡Eso no es cierto! Alguien ha reiterado esto de una manera más precisa: «Los palos y las piedras pueden romper mis huesos, pero las palabras me romperán mi corazón».

Las palabras pueden dañar o romper una relación rápidamente. Muy a menudo, palabras dañinas lentamente pueden llegar muy lejos, derribando personas y destruyendo relaciones.

Por otro lado, las palabras pueden ser poderosas herramientas para la sanación y para bendecir a otras personas. Pueden ser esencial en la construcción, la restauración y la sustentación de las relaciones.

En realidad, las palabras pueden ser grandes bendiciones que podríamos compartir con frecuencia en la vida diaria con otros. Casi por lo general pensamos en las palabras de bendición aquellas que se usan al final del servicio de adoración. Sin embargo no tiene que limitarse a un tiempo o lugar para

La Biblia tiene mucho que decir acerca de nuestra boca, nuestros labios, nuestra lengua, por sus discursos nos traiciona. ¿Qué hay dentro del pozo con él que se llenará el cubo?

– Vance Havner

bendecir. La palabra bendición viene del latín "Benedicere" que quiere decir «hablar bien» o «decir buenas palabras». Una bendición es realmente decir buenas palabras. En un mundo lleno de tantas palabras negativas y perjudiciales, ¡Necesitamos muchas bendiciones!

> "Una bendición son realmente: buenas palabras."

Las buenas palabras son una alegría de dar y recibir. Imagínense lo que podría hacer por las personas y las relaciones! Vamos a desarrollar vocabularios con más bendiciones!

> **Sean, pues, aceptables ante ti**
> **mis palabras y mis pensamientos,**
> **oh Señor, roca mía y redentor mío.**
>
> – Salmo 19:14

4. ACCIONES

Nuestras acciones son manifestaciones de los principios que guían nuestras vidas. Nuestras acciones revelan nuestras creencias y valores. Esta relación entre lo que está dentro de nosotros y nuestro comportamiento es señalado por el apóstol Santiago cuando dice: «y yo te mostraré la fe por mis obras». Santiago 2:18 Después que una persona hace algo difícil de explicar, a veces no es recordado el vínculo que hay en lo que pensamos y lo que hacemos. La gente puede exclamar: "¿En qué estaba pensando?" "¿Qué tenía en la cabeza?" Por otro lado, cuando alguien hace una buena acción a otra persona, oímos decir cosas como ¡Oh, qué atento!

> **Todo lo que una persona refleja al exterior, es la expresión**
> **y ejecución de su pensamiento interior.**
> **Para trabajar eficazmente,**
> **debe pensar con claridad; actuar con nobleza,**
> **él debe pensar noblemente.**
>
> – Channing

La gente se dan cuenta que nuestras acciones están de acuerdo con nuestras palabras. Ellos ven que "practicamos lo que predicamos". Usted puede reconocer esta cita del capítulo de semillas de Integridad: "La gente puede dudar de lo que dices, pero siempre creerán lo que haces." Si queremos buenas

> **"Nuestras acciones son manifestaciones de los principios que orientan nuestras vidas."**

acciones en nuestras vidas, debemos centrarnos en la siembra y el cultivo de buenos principios en nuestros pensamientos y actitudes. Por lo tanto, antes de tratar de practicar las "Acciones" sugeridas en cada capítulo de semillas, meditar sobre las sugeridas en "pensamientos y actitudes."

Las buenas acciones traen beneficios. Es interesante que la palabra "beneficio" es de la vieja palabra francesa "bienfait", que significa "buena acción" y de las palabras latinas "benefactum" y "benefacere", que significa "hacer un servicio."

5. DISCUSIÓN

La discusión es el estudio de un tema por un grupo. Incluye conversación y el análisis de un tema por dos o más personas.

Uno de los descubrimientos agradables, después del lanzamiento de la primera edición de este libro, fue que muchas conversaciones interesantes se desarrollaron. Es como si los 12 Semillas cobraran vida en la discusión. Un amigo profesor describe este fenómeno con la frase, « La revelación está en la discusión».

En una buena discusión que tengamos es común que encontremos los ¡Ajá! Cuando muchas cosas se vuelven más claras para nosotros. En una buena discusión, nos beneficiamos de la sinergia de diferentes pensamientos e ideas.

Los múltiples beneficios de una buena comunicación lo pueden experimentar ambas personas en una debate, ya que se comparten conocimientos específicos o aplicaciones entre sí. A menudo, la disposición de una persona a contar una idea o experiencia personal abrirá un conocimiento importante en la mente de otra persona.

La discusión puede ser relacional y corporativa. Por ejemplo en una discusión de las 12 Semillas, podría ser una oportunidad no sólo de aprender más acerca de los principios y hábitos de la construcción de relaciones, pero también puede ser un momento en el que realmente practicamos los doce principios y los cinco hábitos en la comunión unos con otros. En cierto sentido, el debate puede ser una forma de acercamiento entre las personas. Recuerde, la comunión es una "participación corporativa".

> "Un debate puede ser una forma de comunión entre personas".

Nuestros tiempos de discusión en realidad pueden incluir la práctica de las 12 semillas. Por ejemplo, podemos tener una comunicación respetuosa con el Señor y con los demás. Podemos animarnos unos a otros, escucharnos unos a otros, apreciar lo que otros dicen, y así sucesivamente. Las semillas pueden florecer en nuestras prácticas de discusión.

Las discusiones de 12 Semillas pueden ser momentos maravillosos para el crecimiento individual y para la edificación del Cuerpo de Cristo. Sugerencias para discutir las semillas en una clase o grupo se incluyen en la parte posterior de este libro.

Le animamos a discutir las 12 semillas con otros.

Cómo escapar de la cizaña
Superando las fuerzas que dañan las relaciones

Hay una serie de fuerzas que trabajan en contra del desarrollo y el crecimiento de las buenas relaciones. Estas fuerzas son como la mala hierba que puede ahogar el crecimiento de las buenas semillas. Algunas de estas fuerzas se mencionan en los primeros capítulos de este libro.

Es bueno ser capaz de reconocer cuándo estas malezas están afectando negativamente a las relaciones. Es mucho mejor tomar medidas para superarlas.

ALGUNAS MALAS HIERBAS QUE DAÑAN LAS RELACIONES:

1. El no seguir el ejemplo del Señor Jesucristo

2. El orgullo y el egoísmo

3. La apatía en las relaciones

4. Actitud de «es bueno saber»

5. La falta de entrenamiento y disciplina

6. Las distracciones y olvidos

7. El mito de que la gente no puede cambiar

8. Malas influencias o «malas semillas»

9. Actividad del enemigo

FORMAS SUGERIDAS PARA SUPERAR LAS MALAS HIERBAS:

Para superar la falta hay que seguir el ejemplo de Jesucristo...

1. **Mantenga sus ojos en el Señor.** Observe cómo Él cuida y ama a la gente. Evite iniciativas y respuestas que se basan en la forma en que el mundo trata a las personas. En cambio, vea al Señor. Considérelo como su modelo perfecto para la construcción de relaciones. Pídale ayuda con todas sus relaciones.

Para vencer el orgullo y el egocentrismo...

2. **Sea más centrado(a)** en los demás en lugar de centrarse en sí mismo. Comparta las semillas con otros, tales como: el respeto, aliento, etc. Piense más a menudo en los demás. Sea una bendición para ellos.

Para superar la apatía de las relaciones...

3. **Recuerde la importancia y los beneficios de las buenas relaciones.** Dése cuenta de que las cosas urgentes a menudo desplazan a las cosas verdaderamente importantes en la vida. Tenga en cuenta que muchos de los «fuegos» urgentes que consumen nuestro tiempo y energía son en realidad causados por las malas relaciones. Recuerde los beneficios que generan las buenas relaciones en todos los ámbitos de su vida.

Para superar la actitud del «es bueno saber» hacia las 12 Semillas...

4. **Adoptar una actitud de motivación hacia las semillas.** Si usted piensa de las 12 Semillas como los principios de «es bueno saber», entonces es muy probable que usted va a hacer muy poco para plantar y cultivarlos en su vida. Sin embargo, si usted adopta una «actitud de motivación» hacia ellas, es más probable que sean parte de su vida. Por ejemplo, cuando se piensa en las semillas como «formas para amar» o «valores matrimoniales y familiares» o «agentes de cambio», entonces es mucho más probable que las practique de forma regular y coseche más beneficios para su vida.

Para superar la falta de entrenamiento y disciplina. . .

5. **Aprenda, y anime a otros a aprender,** los principios básicos de las buenas relaciones. Sea un voluntario para forjar los principios como parte de hábitos diarios. Además, recuerde que algunas personas nunca aprendieron los principios como el de las 12 semillas, o cómo practicarlas en la vida cotidiana. No te incomodes o impacientes con este tipo de personas. En su lugar, ore por ellos. Ayude a aprender los conceptos básicos de las buenas relaciones. Sea un buen modelo a seguir para ellos. Fomente la responsabilidad mutua en sus relaciones con ellos.

> **Esfuérzate por presentarte a Dios aprobado...que interpreta rectamente la palabra de verdad..**
> – 2 Timoteo 2:15- NVI

Para superar las distracciones y el olvido . . .

6. **Recuérdese a sí mismo y recuérdeles a otros las 12 semillas** en forma permanente. Las múltiples distracciones de la vida pueden hacer olvidar a aplicar lo que sabemos. Tenemos que recordar a menudo los principios y hábitos que producen buenas relaciones.

> **La gente necesita que se le recuerde más a menudo de lo que necesitan ser instruidos.**
> – Samuel Johnson, citado por C.S. Lewis

Para superar el mito de que la gente no puede cambiar. . .

7. **Entienda que las personas cambian.** A veces nos damos por vencidos en las personas y las relaciones, pensando que nunca van a cambiar. Pero lo hacen. Considere lo siguiente:

> **Algunos pesimistas dicen que nadie cambia, que al leopardo no le cambian sus manchas. Pero, de hecho, todo el mundo está cambiando cada día, ya sea para bien o para mal. ¡Por supuesto que cambian!, y podemos influir, hasta cierto punto al menos, de cómo cambien.**
>
> – Alan Loy McGinnis

Para superar las malas influencias o "malas semillas". . .

8. Continúe sembrando y cultivando las buenas semillas.

Las "malas semillas" son prácticas e influencias negativas que trabajan en contra de las relaciones. Para reconocerlas consulte el grafico de las "Malas Semillas vs Buenas Semillas" de la página 93. Recuerde que las influencias negativas abundan, por lo tanto tenemos que hacer abundantes influencias positivas. Cuando nos encontramos con las malas semillas, nos sentimos tentados a responder en especie. Por ejemplo, cuando alguien no nos muestra respeto a nosotros, la tentación es no respetarlo. En cambio, debemos continuar sembrando buenas semillas.

No te dejes vencer por el mal;
al contrario, vence el mal con el bien.
— Romanos 12:21

Superando la actividad del enemigo.

9. **Orar.** Tenga en cuenta que Satanás trata de destruir las relaciones. Él odia al ver familias fuertes, amistades duraderas y las comunidades amorosas. Aunque nosotros mismos a veces promovemos o permitimos el paso de las fuerzas antes mencionadas, debemos recordar que Satanás hará lo que pueda para ayudar a las fuerzas que avancen contra las relaciones. Al enemigo le encanta ver las malas hierbas infiltrarse en nuestros pensamientos, palabras, acciones y debates. Tenemos que orar por discernimiento para reconocer cuando estas fuerzas están presentes. Tenemos que orar por sabiduría «Si a alguno de ustedes le falta sabiduría, pídasela a Dios, y él se la dará» Santiago 1:5 y le ayudará para superar las malas hierbas.

Orar sin cesar.
– 1 Tesalonicenses 5:17

¡Motívese!

Actitudes motivacionales hacia las 12 semillas

Se puede pensar que las 12 semillas es "algo bueno saber", como lo hemos mencionado en el capítulo anterior. O bien, se puede mirar las semillas como ingredientes transformadores para una vida rica y gratificante. La actitud hacia las 12 Semillas determinarán si, y cómo, puede ser parte de su vida. Considere las siguientes formas de pensar acerca de las semillas y a continuación, elija una o algunas de las formas que le motivarán a sembrar y cultivar

> "Su actitud hacia los 12 semillas determinará si, y como serán parte de su vida."

en su vida diaria. Aquí están algunas de las posibles formas de pensar de las semillas:

- **Maneras de amar**
- **Matrimonio y valores familiares**
- **Grupo de crecimiento**
- **Regalo para llenar necesidades**
- **Aprendizaje para la vida**
- **Agentes de cambio**
- **Pasos hacia la reconciliación**
- **Las semillas de una buena voluntad general**
- **Semillas de buena voluntad empresarial**
- **Valores básicos**

MANERAS DE AMAR

Nuestro Señor deja en claro que el amor es una parte esencial de nuestra vida juntos como miembros de su cuerpo. Nuestras relaciones se caracterizan por comportamiento amoroso que honra sus mandamientos y bendicen a uno del otro. Dijo que el amor de los unos por los otros será una marca distintiva que les mostrara a los demás que le seguimos. Nuestro amor es un poderoso testimonio en el mundo.

¿Cómo tenemos que amar a los demás en términos prácticos? Si el amor es "la búsqueda del mayor bienestar de la persona amada", ¿cómo podemos hacerlo? Las 12 semillas son: doce formas en que podemos hacerlo. Sembrar y cultivar las semillas pueden ser una refrescante manera habitual de amar a los demás.

> «Este mandamiento nuevo les doy: que se amen los unos a los otros.»
> - Juan 13:34

Las personas serán bendecidas y al mismo tiempo estaremos obedeciendo los mandamientos de nuestro Señor al amar.

MATRIMONIO Y VALORES FAMILIARES

La familia es el lugar donde los principios de las relaciones de toda la vida deben ser aprendidos, practicados y disfrutados. Las mejores prácticas de principios sólidos deben ser orientados hacia la propia familia. Las 12 semillas pueden distinguir las características de una cultura familiar y parte de su legado. Le pueden ayudar a cada uno de los miembros para desarrollar y mantener relaciones duraderas para toda la vida.

CONSTRUCTOR DE RELACIONES

Las semillas son también formas de construir el Cuerpo de Cristo. Hay muchas actitudes corrosivas, palabras y acciones que trabajan para derribar el cuerpo y destruir la comunión. Estos aspectos negativos extravían la atención de la cabeza del cuerpo y desvían la energía lejos del objetivo de la misión. También causan daño a las personas y las hacen volver atrás

Las 12 semillas puede ser usadas por cualquier comunidad, en su caso, por cualquier equipo, grupo o iglesia. Como principios basados en la Biblia estos le ayudarán a construir el Cuerpo y fortalecerlo, para ser lo que el Señor pide que sea: una bendición para cada uno de sus miembros, y un testimonio para el mundo. Cuando el cuerpo está construido de esta manera, es más capaz de cumplir su misión y será más atractivo para los visitantes y sus nuevos miembros.

REGALOS QUE SUPLEN NECESIDADES

Las 12 semillas pueden ser consideradas como regalos para dar a los demás. Estos dones no requieren el uso de efectivo o una tarjeta de crédito. Son pensamientos, palabras y acciones que se pueden dar en cualquier situación. Son regalos útiles: ayudar a llenar las necesidades. Consulte la tabla de la página 113 para obtener una lista de algunas de las necesidades que las semillas ayudan a llenar.

APRENDIZAJE DE POR VIDA

Es una buena idea aprender a crear y mantener buenas relaciones. Este aprendizaje es parte de la fundación a todos los demás para el éxito en la vida. Si eres un profesional en educación o no, la formación en los principios de las relaciones exitosas merece atención permanente. Esta capacitación es una inversión para toda la vida.

AGENTES DE CAMBIO

Los doce principios también se pueden obtener a través de métodos para ayudar a transformar una vida, una relación, una familia, un equipo, una iglesia, un negocio, o cualquier otra organización. Las semillas pueden ser agentes eficaces de cambio que hará una gran diferencia en la vida de las personas.

Cambios sustanciales usualmente toma tiempo y esfuerzo. Aunque a veces una nueva práctica de una semilla como el *apreciar* o de la *integridad* puede tener un efecto inmediato y enfático, más a menudo exige una constante siembra y cultivo. Pero la cosecha vale la pena. Para hacer una diferencia, hay que continuar sembrando y cultivando las semillas. Las personas se verán afectadas positivamente. ¡Pruébelo!

Recuerde el refrán, "algunas personas iluminan una habitación cuando entran, otros cuando salen." Sea uno que ilumina la habitación cuando entra.

PASOS HACIA UNA RECONCILIACIÓN

Una de las situaciones más gratificantes en la vida, es la reconciliación. Recuerde, la reconciliación es la restauración de la relación. Si usted ha sufrido una ruptura de relaciones, o conoce a alguien que la tiene, puede utilizar las semillas como pasos hacia la reconciliación. Le sugerimos algunas maneras de hacer esto en la página 118 de la Parte III de este libro.

SEMILLAS DE BUENA VOLUNTAD EN GENERAL

Los ángeles anunciaron el nacimiento de Cristo con las palabras: «Gloria a Dios en las alturas, y en la tierra paz a los que gozan de su buena voluntad». ^{Lucas 2:14}

Cuando miramos al mundo de hoy, pocas veces vemos buena voluntad hacia los hombres. Pero cuando miramos a Cristo, y al estudiar su vida, le vemos compartiendo buena voluntad hacia los demás. Los seguidores de Cristo en el curso de la historia han continuado compartiendo la buena voluntad de muchas maneras. Han dado de comer a los hambrientos y protegido a las personas sin hogar. Han intervenido en operaciones de socorro en casos de hambruna, la recuperación tras siniestros y la construcción de escuelas, hospitales y orfanatos.

Hagamos lo que hagamos, o dondequiera que estemos, podemos pensar en las 12 semillas de algunas de las formas en que nuestros hábitos de vida pueden florecer en vida de buena voluntad, que bendiga a muchas personas.

SEMILLAS DE BUENA VOLUNTAD EN LOS NEGOCIOS

Cuando un negocio saludable se vende, la buena voluntad es generalmente parte importante de la valoración de la empresa. De hecho, el valor de una compañía es la buena voluntad la cual puede exceder los activos tangibles.

¿Cómo puede crearse una empresa de buena voluntad? Es fácil asumir que la buena voluntad es simplemente el resultado de estar en negocio durante un período de tiempo, o de evitar errores en las grandes relaciones públicas. Pero la verdad es que la buena voluntad es el resultado intencional de un compromiso constante para construir principios y valores a largo plazo. La mayoría de los problemas en los negocios es a causa de una débil o ausente presencia de uno o más de estos principios; más éxito implica su presencia.

> "¿Qué tan buena voluntad se ha creado en una empresa?"

Las 12 Semillas son algunos de los principios y valores que ayudan a construir una buena voluntad con los empleados, clientes, proveedores y otras personas involucradas en la empresa:

Empleados: Los principios contribuyen a una cultura de trabajo en equipo que aumenta la moral y la productividad y lealtad. Ayudan a proporcionar una de las mejores de los mejores beneficios: un entorno positivo y estimulante entorno de trabajo. Practicar las 12 semillas en el puesto de trabajo también puede dar beneficios muy deseables para cada empleado en su propio hogar. También, un compromiso con los doce principios pueden ayudar a una empresa alcanzar el tan deseado "empleado del mes" que atrae y mantiene excelentes empleados.

Clientes: Las semillas constituyen la base para una política de la relación con los clientes que cultiva relaciones que son mutuamente beneficiosas . La presencia de estos valores influye en las decisiones de compra de los clientes y contribuye a dar "más valor" que da una calidad empresarial a las personas a las que sirve.

Proveedores y contratistas: Las semillas ayudan a crear mejor cooperación, relaciones que son de vital importancia en esta época de "justo a tiempo" y a la entrega y abastecimiento a socios de confianza.

Otros: Los doce principios ayudan a construir confianza entre los accionistas, banqueros y otros. Estas buenas razones para estar asociado con la empresa. Ayudan a construir una reputación en el mercado y en la comunidad.

VALORES BÁSICOS

El núcleo de los valores de la familia, la amistad, grupo, equipo, empresa, iglesia o comunidad son pilares básicos que guían actividades presentes y futuras. Que proporcionan una base para principios de interacción entre los miembros del grupo, y también entre los miembros de la asociación y los que están fuera del grupo. Las 12 semillas pueden ser adoptadas como parte de los valores fundamentales de cualquier organización orientada en valores.

¿Por qué estudiar las 12 semillas?

Estudie y examine periódicamente las semillas para:

- Crecer en su relación con el Señor.
- Crecer en sus relaciones con los demás.
- Aprender maneras de mejorar su vida familiar.
- Tener más éxito en el trabajo.
- Construir su negocio.
- Ayudar a crecer su iglesia.
- Ser de bendición a otras personas.
- Aprender las maneras de reconciliarse con alguien.
- Ser más capaces de detectar los síntomas o ausencias de semillas débiles o inexistentes.
- Evitar los costos dolorosos de las malas relaciones.
- Aprender maneras de ayudar a transformar el entorno cultural en el que viven o trabajan.
- A convertirse en un líder más eficaz.
- A recordarse a practicar los principios.
- Estar mejor preparado para ayudar a los demás con sus relaciones - especialmente si eres un padre, abuelo, amigo, entrenador, mentor o maestro.

Anticipando la cosecha
¡Cuente con un impacto transformador

Las semillas producen una cosecha. ¡La cosecha podría tener un impacto que cambia la vida sobre usted y sobre todos a su alrededor! La palabra «cosecha» se define como «el resultado o consecuencia de una actividad».

A medida que se planten y cultiven las 12 semillas, la cosecha podría producir resultados conmovedores en la vida de muchas personas.

El autor John Maxwell dice que la persona promedio influirá a diez mil personas en toda la vida. Joe Girard, conocido como «el mayor vendedor del mundo», afirma que una persona promedio conoce a unas 250 personas. Por lo tanto, si conoce a 250 personas, y se influye positivamente en ellos, estos influirán positivamente en otras 250 personas que ellos conocen. El número potencial de influencia irá aumentando: 250 x 250 = 62, 500. Si usted está por encima del promedio —y si está leyendo este libro—, entonces usted puede conocer mucho más de 250 personas. El punto es que su influencia positiva puede impactar favorablemente a mucha gente. «Imagínese lo que la cosecha podría tener en sus relaciones»

> "Imaginen lo que la cosecha podría parecer!"

En su familia: Una mejor calidad de vida, con más buenas palabras —bendiciones— y actuar más bien en amor, relaciones más agradables durante toda la vida.

En la iglesia: Miembros creciendo juntos en comunión amorosa, se satisfacen las necesidades de los otros, una mayor participación en misiones, un alcance más atractivo a su comunidad.

En su equipo o su grupo: una moral superior, mayor cooperación y productividad; disminución en problemas de relaciones.

En la Escuela: Los estudiantes y maestros practicarán y aprenderán los principios de relación entre sí; las contiendas disminuirán con el aumento del aprendizaje de cada uno de estos valores.

En su actividad profesional: Un mejor ambiente de trabajo, con los empleados más productivos y clientes más satisfechos; con proveedores y contratistas que conocen y apoyan sus valores.

Donde quiera que esté: Más importantes relaciones interpersonales gratificantes y amistades más duraderas, con una disminución en el dolor de malas relaciones y un aumento en la alegría de una buena relación.

PARTE DE LA COSECHA: SATISFACIENDO NECESIDADES

Las semillas ayudan a satisfacer necesidades. Por ejemplo, cuando usted dice o hace cosas para respetar a otra persona, usted está ayudando a llenar una necesidad de significación.

La siguiente tabla sintetiza algunas de las necesidades que cada semilla ayuda a satisfacer:

SEMILLA	NECESIDAD SATISFECHA
RESPETO	Importancia
ANIMAR	Inspirar con coraje
ESCUCHAR	Prestar atención
APRECIAR	Ser valuado
CONFIAR	Seguridad
INTEGRIDAD	Autenticidad
ORDEN	Estructura
CUIDADO	Ser amado
SINERGIA	Trabajar juntos
ESPERANZA	Motivar a seguir adelante
IDEALES	Enfoque a grandes valores
PERDÓN	Libertad para seguir

"El que le suple semilla al que siembra también le suplirá pan para que coma, aumentará los cultivos y hará que ustedes produzcan una abundante cosecha de justicia"

RESPETO
ANIMAR
ESCUCHAR
APRECIAR
CONFIAR
INTEGRIDAD
ORDEN
CUIDADO
SINERGIA
ESPERANZA
IDEALES
PERDÓN

12 Semillas

PARTE III

Recursos para una rica cosecha

Vida abundante en relaciones exitosas

LA RELACIÓN MÁS IMPORTANTE EN SU VIDA

Se puede haber leído hasta este punto y visto referencias en este libro de una relación personal con el Señor Jesucristo. Esperemos que ya disfrutes de esta relación. O, puedes preguntarte, ¿Cómo una persona puede entrar en una relación personal con el Señor?

Las personas que están en una relación con Él, la consideran como la más importante en la vida. Es algo más que una parte de la vida. Es la vida.

La importancia de esta relación ha llevado a muchos seguidores de Jesucristo, a describir el cristianismo diciendo: "No es una religión. Es una relación que hace una gran diferencia en todas las demás relaciones en la vida.

EL AMIGO PERFECTO

Él tiene atención - RESPETO - por su creación

cuando vino a vivir entre nosotros y nos redimió.

¡Nos EXHORTA, y Él nos ESCUCHA!

Él valora - APRECIA - a las personas. Él CONFÍA en

Su Padre, y Él nos confía para hacer su obra en la tierra.

Él es el ejemplo perfecto de INTEGRIDAD.

Él da ORDEN para nuestra vida, y nos cuida.

Hay una hermosa SYNERGIA mientras trabajamos juntos

con su Espíritu y con los demás que le siguen.

Él es nuestra ESPERANZA, y Él nos permite compartir la esperanza
con otros.

Se muestra, y Él es, el más alto de los IDEALES.

¡Él gentilmente nos ofrece PERDÓN!

Su nombre es Jesús. Él es la Cabeza del Cuerpo.

¡Él es la Resurrección y la Vida! ¡Alábale por siempre!

¡Qué alegría de estar en una relación eterna con Él!

¡Qué privilegio conocerle y compartir su amor con los demás!

-Un seguidor de Jesús ...

De hecho, afecta a todos los aspectos de la vida, por ahora y por la eternidad. ¡No te la pierdas!

A pesar de que algunas personas que disfrutan de tal relación no te dicen nada al respecto, pero los que verdaderamente te aman desean que lo sepas, porque el amor es "la búsqueda del mayor bienestar de la persona amada." ¿Qué mejor bienestar podrías tener que, una relación con el Dios vivo? quien vino a nosotros en la persona de Jesús. ¡Él nos da la vida eterna y abundante junto con Él!

En los capítulos de "Semilla" de la Parte I de este libro, ha aprendido algo sobre las doce facetas de una relación con el Señor. Sin embargo, la Biblia enseña que antes de que podamos tener una buena relación con Dios, necesitamos ser reconciliados con Él. Nuestros pecados nos separan de él. Necesitamos su perdón.

La buena noticia es que Dios nos ofrece una manera para ser perdonados y reconciliados con Él. Jesucristo ofrece el camino. De hecho, Él es el Camino. Cuando llegamos a conocerle, nos encontramos que Él es también la verdad y la vida. Cuatro pasos para una relación personal con el Señor Jesucristo:

1. **ADMITIR** – Que eres un pecador y necesitas un Salvador.
2. **ARREPENTIRSE** - Estar dispuesto a alejarte de tus pecados
3. **CREER** - Que Jesús murió por ti en la cruz.
4. **RECIBIR** -Invitar, a través de la oración a Jesucristo para que sea el Señor de tu vida.

Que orar

"Padre Celestial, sé que he pecado contra ti y merezco castigo y necesito tu perdón. Creo que tu hijo Jesucristo murió en la cruz por mis pecados, y a través de la fe en Cristo yo puedo ser perdonado. Me arrepiento de mi pecado y ¡Acepto a Jesús como mi Salvador personal! ¡Gracias por Tu maravillosa gracia y perdón – el don de la vida eterna! En el nombre de Cristo Jesús, ¡Amén

---

Referencias: Proverbios 14:12; Isaias 59:2; Juan 1:12, 3:16, 10:10, 14:6; Romanos 3:23, 5:1, 5:8, 6:23, 10:9, 10:13; 2 Corintios 5:17-21; Colosenses 1:15-22; I Pedro 2:24, 3:18; I Juan 1:9; 5:11-13; Apocalipsis 3:20

PASOS HACIA LA SANACIÓN DE UNA RELACIÓN
Un camino hacia la reconciliación con otra persona

Las relaciones pueden llegar a estar tensas o rotas. Las malas hierbas pueden invadir. A veces, el fortalecimiento de una o dos semillas pueden ayudar en las relaciones. Los siguientes pasos se pueden utilizar para iniciar la sanación y la reconciliación.

> "La reconciliación es la restauración de una relación".

1. Orar por el bienestar de la otra persona.

2. Ore para que Dios le ayude a ver las semilla (s) que son débiles o inexistente en tu relación. Pregúntese a tí mismo, en la oración ante el Señor (poner el nombre de la persona en los espacios): "

   ¿Yo *respeto* a _____?

   ¿Yo *animo* a _____?

   ¿Puedo *escuchar* a _____?

   ¿*Aprecio* a _____?

   ¿*Confío* en_____? Soy confiable con _____?

   ¿Practico la *integridad* con _____?

Continúe a través de las 12 semillas, el pensamiento de la otra persona en relación con cada una de las semillas.

3. Ore por sabiduría para identificar la semilla(s) que necesita para cultivar en su propia vida, sobre todo en esta relación.

4. Revise el capítulo de las semillas(s) identificados en el paso 3, más arriba. Seleccione las oraciones, pensamientos, palabras y acciones prácticas de como se relaciona con las otras personas.

5. Ore para ayudar en el cultivo de las semillas(s). Ponga el nombre de la persona en una oración de esa semilla. Ejemplo: "Señor, ayúdame a tratar _____ con dignidad y respeto.

6. No espere a que la otra persona cambie antes de que comience a tomar estos pasos. Ni siquiera espere a que actúe de manera diferente después de comenzar a tomar estos pasos. ¡Pero es posible!

7. Esperemos ver cambios en cómo pensar y actuar a favor de la otra persona mientras que usted tome estos pasos en oración.

¡Estos pasos también pueden ser usados para hacer aún más mejor una buena relación!

Formula poderosa de crecimiento
Virtudes que ayudan a las relaciones crecer

L a Biblia contiene muchos versículos que proporcionan una guía para relaciones. En el siguiente pasaje Pablo nos da una poderosa "fórmula de crecimiento" que puede ayudar a que las relaciones crezcan y prosperen.

Por lo tanto, como escogidos de Dios, santos y amados, revístanse de afecto entrañable y de bondad, humildad, amabilidad y paciencia, de modo que se toleren unos a otros y se perdonen si alguno tiene queja contra otro. Así como el Señor los perdonó, perdonen también ustedes. Por encima de todo, vístanse de amor, que es el vínculo perfecto.

– Colosenses 3:12-14

Podríamos declarar la fórmula de esta manera:

$$A+CBHAP=\text{Cada vez más mejores relaciones}$$

He aquí una explicación:

A = AMOR

La última frase en el pasaje anterior dice: "Sobre todas estas cosas vístanse de amor, que es el vínculo perfecto." Una buena definición de amor es "la búsqueda del mayor bienestar de la persona amada." Amor es la motivación para la siembra y cultivo de las 12 semillas. También es el agente adhesivo, el pegamento que mantiene buenas relaciones. La palabra amor se usa 374 veces en la Biblia.

> "El amor es la motivación para la siembra y el cultivo de las 12 Semillas".

Reconocimientos

En primer lugar, queremos agradecer al Señor. Él nos creó y creó las relaciones. Él busca una relación más estrecha con cada uno de nosotros, y nos enseña a relacionarnos con los demás. Este libro está dedicado a Él.

También queremos dar las gracias a todas las personas que el Señor ha utilizado para ayudar a hacer posible este libro, que han orado por este libro, y para usted lector, gracias, por también haber ofrecido ideas creativas, críticas constructivas, ayuda en la edición, en estímulo y financiamiento. Hemos visto que ustedes están practicando los 12 Semillas, puesto que han ayudado en este libro.

Gracias también a las personas que han utilizado los materiales de 12 Semillas desde que empezamos a publicarlas a principio del 2000. Hemos aprendido mucho de todos ustedes que han estado utilizando los materiales en sus hogares, lugares de trabajo e iglesias. Varias de sus sugerencias se incorporan en esta edición revisada y ampliada.

Agradecemos de igual manera a todos los pastores y personas que participaron en la traducción, edicion y diseño de este libro, y por su dedicación, por su tiempo y el esmero de hacer de este libro un material de alcance para muchas personas de habla hispana.

La compilación de este libro ha sido una gran experiencia en las relaciones. Estamos agradecidos con todos los que han ayudado, y por el privilegio de ver a muchas relaciones, incluida la nuestra, crecer en el proceso.

MATERIALES ADICIONALES EN NUESTRO SITIO WEB

Encontrarás materiales para descargarse gratuitamente, tales como. . .

- Las 12 Semillas de Guía para el líder. (última versión)
- Guía para hacer CRECER las semillas.
- Los materiales de promoción que puede utilizar para invitar personas a las clases de las 12 Semillas o grupos de discusión.

También encontrará las preguntas y respuestas acerca de las 12 Semillas, 50 razones para plantar las semillas, y muchas ideas adicionales.

Visite nuestro sitio web :

www.12semillas.org

Las 12 semillas, cuando se plantan y cultivan, producen cosechas que benefician a las personas, familias, grupos, equipos, escuelas, iglesias, empresas, comunidades y toda la sociedad.

Los materiales de 12 Semillas se utilizan cada vez mas en las prisiones, ministerios de ex convictos y recuperación de adicciones. Para más informacion acceda a nuestro sitio web: www.prisonmission.org

Envíenos sus comentarios, ideas y experiencias. ¡Nos encantaría saber cómo usted utiliza las 12 semillas, y así conocer las cosechas que estamos ayudando a producir! Además, díganos cómo podemos mejorar nuestros materiales para servirle mejor. Sus sugerencias son siempre bienvenidas. Escríbanos a: dwight@prisonmission.org

PARA EL CARACTER • PARA LAS RELACIONES• PARA LA VIDA

Para ordenar copias de este libro

Visite nuestro sitio web en:
www.12semillas.org

o escríbanos a:
dwight@prisonmission.org

¡EQUIPE A TODO SU GRUPO!

"Buena vida"

«Nosotros no la percibimos

en la soledad de las modas del día de hoy

en la auto-expresión y auto-gratificación.

La buena vida se encuentra solamente

en las relaciones amorosas y en la comunidad».

– Chuck Colson, "La buena vida"-

www.ingramcontent.com/pod-product-compliance
Lightning Source LLC
Chambersburg PA
CBHW072027040426
42447CB00009B/1774

C=COMPASIÓN

Compasión es simpatía que mueve a la acción. Es una profunda conciencia de la necesidad o el sufrimiento de otro, junto con el deseo de aliviar. Cada una de las 12 semillas es una forma de ayudar a satisfacer las necesidades de los demás. Es posible que haya una necesidad de respeto, aliento o esperanza. Semillas le ayudarán a satisfacer esas necesidades. La palabra compasión es usada 123 veces en la Biblia.

> "Las semillas ayudan a satisfacer necesidades"

B = BONDAD

Bondad tiene que ver con el hecho de ser cordial, generoso, sensible, cálido y agradable. Las Semillas florecen en la calidez de la gentileza. La Biblia dice algo muy interesante de benevolencia a la hora de responder a las personas que tienen necesidades: "Servir al pobre es hacerle un préstamo al Señor; Dios pagará esas buenas acciones." Proverbios 19:17 La palabra bondad se usa 82 veces en la Biblia.

> "Las semillas florecen en el calor de la bondad."

H = HUMILDAD

Humildad es la sumisión o modestia en el comportamiento o en el espíritu. Es lo contrario del orgullo y la arrogancia. La palabra humildad viene del Latín *humilis,* que significa bajo o rendido, y *humus,* que significa tierra o suelo. Al igual que las semillas biológicas crecer en el suelo de la tierra, las 12 Semillas crecen en el suelo de la humildad. La palabra humildad se usa 14 veces en la Biblia, la palabra humilde se usa 33 veces..

> "Las 12 semillas crecen en el suelo de la humildad."

A = AMABILIDAD

Amabilidad es ser considerado y afectuoso, lo opuesto es agresivo o áspero. Una persona amable tiene la capacidad de ser de otra manera, pero en cambio es suave y tierno. La dulzura es la verdad y la fuerza guiadas por el amor. Las semillas crecen en terrenos suaves. La palabra amabilidad es usada 6 veces en la Biblia, la palabra suave se usa 18 veces.

> "Las semillas crecen en climas suaves."

P = PACIENCIA

La paciencia es estar en dolor, dificultad o molestia con una perpetua serenidad. El pasaje también utiliza la frase "tener paciencia uno con el otro. Una referencia a paciencia, es mantenerse tranquilo a un desafío. Paciencia está relacionado con aguante, y ha sido llamado "paciencia bajo presión." Paciencia implica una inversión de tiempo. Las semillas tardan en crecer. La cosecha será en algún momento del futuro. La palabra paciencia es usada 17 veces en la Biblia, la palabra paciente se utiliza 19 veces.

> "Cada semilla toma tiempo para crecer."

A+CBHAP = Cada vez más mejores relaciones

¡Utilice la fórmula "crecimiento" en la práctica de las 12 semillas!

Versos para plantar en su mente

12 ⸙Semillas

Versos que se encuentran al inicio del capítulo de cada
semilla en la parte 1, para plantar y cultivar en su mente.

RESPETO

..Respetándose y honrándose
mutuamente.

– Romanos 12:10

ÁNIMO

No dejemos de congregarnos,
como acostumbran hacerlo
algunos, sino animémonos
unos a otros, y con mayor razón
ahora que vemos que aquel día
se acerca.

– Hebreos 10:25

ESCUCHAR

..Todos deben estar listos para
escuchar, y ser lentos para hablar y para enojarse;

– Santiago 1:19b

APRECIAR

Estén siempre alegres, oren sin
cesar, den gracias a Dios en toda
situación, porque esta es su voluntad para ustedes en Cristo Jesús.

– 1 Tesalonicenses 5:16-18

CONFIAR

Confía en el Señor de todo
cora y no en tu propia inteligencia.
Reconócelo en todos tus
*caminos y él allanará tus sendas

– Proverbios 3:5-6

INTEGRIDAD

A los justos los guía
su integridad;
a los falsos los destruye su
hipocresía

– Proverbios 11:3

ORDEN

Pero todo debe hacerse de una
manera apropiada y con orden

– 1 Corintios 14:40

CUIDADO

El amor jamás se extingue,

– 1 Corintios 13:8a

SINERGIA

Ahora bien, ustedes son el cuerpo
de Cristo, y cada uno es miembro
de ese cuerpo.

– 1 Corintios 12:27

ESPERANZA

Que el Dios de la esperanza los llene de toda alegría y paz a ustedes
que creen en él, para que rebosen
de esperanza por el poder del
Espíritu Santo.

– Romanos 15:13

IDEALES

Por último, hermanos, consideren
bien todo lo verdadero, todo lo respetable, todo lo justo, todo lo puro,
todo lo amable, todo lo digno de
admiración, en fin, todo lo que sea
excelente o merezca elogio.

– Filipenses 4:8

PERDÓN

de modo que se toleren unos a
otros y se perdonen si alguno
tiene queja contra otro. Así como
el Señor los perdonó, perdonen
también ustedes.

– Colosenses 3:13

La oración de un constructor de relaciones.

Amado Señor, por favor ayúdame a tratar a los demás con dignidad y **respeto**. Ayúdame a **estimular, escuchar, valorar** y **confiar.**

Ayúdame a vivir en **integridad** y en **orden** que es una bendición para otros. Que me examine para **nutrirme** según sea necesario, y tenga espíritu de cooperación que permita a la **Sinergia** florecer en mi vida y en la de los demás.

Concédeme el manantial de **esperanza** y el tesoro de **ideales.** Y que me recuerde cuando otros no presentan las cualidades anteriores, para **perdonar** como Tú me has perdonado.

Gracias Señor, por las relaciones.
En la manera en que me relaciono con los demás que sea un refrescante testimonio de la relación de vida transformada que tengo contigo.

Como utilizar este libro para su crecimiento

Un plan de estudios propuesto para el desarrollo personal

Nivel 1: Lea este libro - exalte los aspectos más significativos para usted, y piense en personas específicas en su vida. Ore por sabiduría para identificar la semilla (s) en donde este fuerte, y también por las semillas que necesita para crecer.

Nivel 2: Memorice cada una de las semillas (busque en la página 87). Pídale a un amigo que le ayude

Nivel 3: Revise las 12 semillas periódicamente para renovarlas en su mente, y para estar mejor equipados para ayudar a otros a entenderlas y practicarlas

Nivel 4: Memorice las "definiciones de trabajo" para cada semilla - estas definiciones se dan al comienzo de cada capítulo, bajo el nombre de la semilla. También están resumidos en el "malas semillas vs. buenas semillas" cuadro de la página 93.

Nivel 5: Revise las aplicaciones prácticas de la semilla (s) que necesita para crecer. Circula o resalte en donde se compromete a trabajar.

Nivel 6: Memorice el versículo bíblico para cada semilla - el verso de tema está al comienzo de cada capítulo de la semilla.

Nivel 7: Medite en los versículos que figuran en "aplicaciones prácticas "- una buena cosa que hacer durante su tiempo de devocional. Si es posible, busque el versículo en más de una traducción de la biblia.

Nivel 8: Practique las semillas en un sentido general con todo el mundo, en aplicaciones específicas con determinadas personas.

Nivel 9: Pídale a un amigo que le examine para practicar las semillas, o la práctica de aplicaciones específicas.

Nivel 10: Este atento a las personas que practican alguna de las 12 semillas - aliente - fomente un entorno cultural en el que las semillas y las relaciones crezcan.

Para más ideas sobre cómo utilizar este libro personalmente o en un grupo, por favor visite: www.12semillas.org

Cómo utilizar este libro en una clase o grupo
Ideas sugeridas para su agenda

NOTA: Tome por lo menos 30-60 minutos para discutir cada semilla al pasar por el libro por primera vez. Se recomienda que cada persona lea un capítulo antes de la discusión..

1. Comience con una oración. Hay sugerencias para la oración en la sección de aplicaciones prácticas de cada capítulo de la semilla.

2. Revise la semillas estudiadas en la sesión anterior. Pregunte por cualquier idea o experiencia desde la última reunión, o cualquier observación de la semilla que se está practicando.

3. Haga que una persona lea la primera sección del capítulo en voz alta. Discuta brevemente.

4. Continúe a través del capítulo, girando la lectura del texto entre diferentes personas. Discuta brevemente.

5. En la sección de "Aplicaciones prácticas", pida a voluntarios para conducir en una o más de las oraciones sugeridas. Luego, pida a diferentes personas a mirar las Escrituras sugeridas. Haga que cada persona lea el versículo en voz alta, en la continuación. Luego, pídale a cada lector a releer su respectivo verso. Discuta brevemente. Discutir las ideas sugeridas, palabras y acciones. Comparta experiencias personales, ideas y aplicaciones adicionales.

6. Discuta las preguntas sugeridas.

7. Termine con una oración.

> **Cuente con un alto nivel de participación en cada reunión de las 12 Semillas**

Ideas avanzada: Alentar a cada participante a utilizar las sugerencias del crecimiento personal en la página de la izquierda. Recite juntos los acrósticos de memoria de las 12 Semillas en sus sesiones. Concursen entre sí en las distintas semillas y sus significados. Adoptar las semillas como las normas para su grupo, con el objetivo de crear un entorno cultural que promueve el crecimiento de las semillas. Establezca relaciones de rendición de cuentas; invitar a los participantes a informar sobre los progresos realizados.

Multiplique el impacto: Revise las 12 Semillas periódicamente, comparta nuevos conocimientos y experiencias. Forme una agenda personal para su reunión ordinaria semanal o mensual, revise una Semilla en cada reunión. Esto refrescará la memoria y también ayudará a orientar a los nuevos miembros hacia tus valores. Visite: www.12semillas.org para más ideas.